蘇軾

思想專題論集

江惜美 著

天空數位圖書出版

目錄

自序

　　自 2020 年出版《蘇軾詩析論──分期及其代表作》之後，有關蘇軾思想的文章陸續發表在《孔孟學報》、《孔孟月刊》以及《蘇軾研究》中，轉眼間，纂輯了十二篇論文。蘇軾與儒、釋、道三家的思想，是他「尊君愛民」的基礎，同時，也是他詩詞創新精神的底蘊。本書即論述蘇軾在這兩方面的理論與實踐，以見蘇軾一生的行誼。

　　思想是一個人的精神面貌，它不易捕捉也牽涉甚廣。蘇軾無疑是一位精神豐富的文人，無論是遭受何等境遇，他總能隨順機緣，積極面對。探究其思想底蘊，融攝儒、釋、道三家，但本質上仍是儒家，因此，延續探究其思想底蘊，而有〈蘇軾儒家君子論〉、〈蘇軾論孔孟荀學說對後世的影響〉。基於對儒家「道」的體認，本書蒐錄了〈東坡禪美學思想探源〉、〈蘇軾「道」與「藝」之境界〉、〈蘇軾詩文的創新精神〉，而後就他各期詩文論述他貶謫黃州、惠州、儋州時的思想面貌，一窺他如何度過人生低谷，創造生命高峰的經驗。

　　蘇軾至今仍為人津津樂道者，即在於他豁達的人生態度，以及文學上的耀眼成就，而這一切都源於他有健康的心態，無論從政、為學，始終保有淑世淑人的本心，這也是他名垂千古的成功密碼！

江惜美謹識於銘傳大學
中華民國一一一年歲次壬寅仲春

01

蘇東坡的思想底蘊

摘要

　　蘇軾人稱「東坡先生」，是北宋最偉大的文豪之一。他繼歐陽修之後，主掌文壇，在詩詞、散文、辭賦方面，都有卓越的成就。孕育他成為一代文豪的，究竟是怎樣的思想底蘊呢？眾所皆知的，是他在唐代儒、釋、道三教一體的影響下，自然融合這三者的修為，化成他的思想精華，以至於出入經史、馳騁翰墨，都能無入而不自得。論者以為蘇東坡表面上是融合儒、釋、道三者，但實際上是以儒攝佛，以儒攝老，實際上骨子裡仍是儒家的。本文即就此一論點，提出理證，說明蘇東坡的思想底蘊。蘇東坡重視「學」，終其一生，勤勤懇懇，莫不廣博學習，方能在天資超邁之餘，寫下現存的兩千七百多首詩，三百多首的詞，以及今人津津樂道的辭賦和散文。除此之外，謝表、奏章，也是文筆燦然，言之有物、言之有序，若非涵融各家、兼賅並蓄，何以有如此傲人之成就？東坡對佛家的看法，一部份源自於韓愈對佛教文學的反動，一部份是汲取了「以禪論詩」的空靈觀，持平而論，對於佛家的態度，與其說是反佛，不如說是信佛。至於他對道家的看法，同樣是汲取「有無相生」、「禍福相依」的概念，做為生命遇到險阻時的自我療癒。儒家思想是蘇東坡當時社會對讀書人的期許，他慨然有當世志，想要「致君堯舜上，再使風俗淳」，可說是受了唐代韓愈的精神感召，還有北宋范仲淹、韓琦、富弼、歐陽修、司馬光等人的引導，在險惡的政治環境下，他不畏挑戰，宦海浮沉，最終仍選擇勇敢的做自己，以至於百代之下，他的形象仍然鮮明地烙印在世人的心中。儒、釋、道究竟是如何形成東坡的思想底蘊的，本文擬作一爬梳，以明文化對於一位文人的影響，提供世人參考。

關鍵詞：蘇東坡、儒釋道三教、哲學觀

壹、前言

蘇軾人稱「東坡先生」，是北宋最偉大的文豪之一。清人沈德潛《說詩晬語》云：「蘇子瞻胸有洪爐，金銀鉛錫，皆歸鎔鑄。其筆之超曠，等於天馬脫羈，飛僊遊戲，窮極變幻，而適如意中所欲出，韓文公後，又開闢另一境界也。」[1]其中要注意的是，「適如意中所自出」，東坡能使事譬喻，全來自意之所至，妙筆生花。就如同劉勰所言：「情者，文之經，辭者，理之緯；經正而後緯成，理定而後辭暢，此立文之本源也。」[2]因此，若要論東坡何以文學獨步宋人，必探究其思想本源。

北宋在唐代古文運動之後，由歐陽修主導的散文，議論、敘事、抒情，兼而有之，文體多樣，開闔自如。在散文的敘寫上，仍保有駢體文的聲律辭采，使得宋代散文產生不同於唐代的面貌。東坡繼歐陽修之後，主掌文壇，在詩詞、散文、辭賦方面，都有卓越的成就。尤其表現在散文的，是他恣肆汪洋、無往而不自得的人生觀。他的〈超然臺記〉說：「凡物皆有可觀，苟有可觀，皆有可樂，非必怪奇偉麗者也。餔糟啜漓，皆可以醉，果蔬草木，皆可以飽。」[3]表達了「無往而不自得」的人生態度，這當中多少有道家「美惡相生」的概念。

東坡對於佛，有其正信，此見諸於〈中和聖相院記〉、〈四菩薩閣記〉。前者東坡論「佛道難成」，欲成佛之人，「山林苦修，棄絕骨肉，衣麻布、食野蔬，晝日力作，暮月薰香，身口意莫不有

---

[1] 參見沈德潛《清詩話‧說詩晬語》卷下（臺北：西南書局，1979 年 11 月），頁 492。

[2] 參見劉勰《文心雕龍》卷 7〈情采〉，（臺北：開明書店，1975 年 9 月），頁 1。

[3] 參見郎曄《經進東坡文集事略》卷 50（臺北：世界書局，1975 年 1 月），頁 829。

禁，勞苦悲辱過於農工遠矣！」這樣的沙門比丘，是東坡所敬畏之人。後者敘蘇洵嗜畫，及其歿也，惟簡教東坡為蘇洵施捨，所施之物必須是蘇洵深愛與不忍捨之物。東坡為此捨吳道子所畫之藏經龕，且言「取不取者存乎人」，惟簡為此建閣以藏之。東坡對於佛門高僧惟簡，是全心信服的，這是源於他對佛教的認識，凡持佛教正信者，他絕不存疑。這樣的信念，貫串在他的散文、詩詞、辭賦中，化為他文學的骨幹。

若論蘇東坡的文學素養，則儒家道統的觀念，也深植在他心中。他在〈書唐氏六家書後〉，提到顏真卿雄秀獨出，變造古法；杜子美詩，格力天縱，有漢魏晉宋以來風流；柳公權書，自出新意，一字千金，這些大書法家言正心正，他們的作品之所以可貴，主要是為人正直，因此「心正筆正」，而後世小人，畫字雖工，神情則有側媚之態，實不足取。東坡對於君子、小人之辨，由此可見。論字評畫，一以人格高下為主，充分表達出他對儒家的去取之間，了然於心。

東坡對於儒、釋、道的了解，絕非淺人可知。論者以為他只對儒家有深入的了解，而佛老只是他幽居苦悶時，藉以自遣，這實是對東坡的誤解。本文想闡發的，就是東坡融三教為一體的思想底蘊。

貳、東坡對「道家」的體認

東坡的出生，充滿了傳奇。蘇洵曾在〈題張仙畫像碑〉，敘述他的出生乃是祝禱而來。文章中提到：「洵尚無嗣，每旦露香以告，逮數年乃得軾，又得轍，性皆嗜書，乃知真人急於接物，而無礙之言不吾誣也。故識其本末，使異時子孫求讀書種者，於此加敬

焉。」[4]由此得知，東坡一出生，即與道家脫離不了關係。這也難怪，四川眉山自漢以來，就是道家發源地，唐末五代就是文化中心，以刻書著名，所刻皆陰陽、占夢、九宮、相宅之類與道家有關的術數之書[5]，流風所及，道家書籍在蜀地流傳甚廣，蘇洵父子取得也頗容易。

東坡曾自述八歲時從天慶觀道士張易簡讀書，自幼對道書、道觀就十分熟悉。及長，隨父親四處遊歷，早期的詩篇如：〈留題仙都觀〉、〈仙都山鹿〉、〈神女廟〉，即對神仙充滿想像。此後，赴各州縣任官，公務繁忙，益發讓他想起老莊「清靜無為」、「任真自然」的快樂。他在〈和章七出守湖州二首〉提及「方丈仙人出淼茫，高情猶愛水雲鄉。功名誰使連三捷，身世緣何得兩忘。」[6]出仕與入仕之間，的確使人難以取捨，但內心嚮往神仙的生活，對東坡而言，無一日或忘。

「烏臺詩案」改變了東坡的一生，也是他宦海浮沉的第一關。他獲釋後被貶謫到黃州，自言「得罪以來，深自閉塞，扁舟草屨，放浪山水間，與漁樵雜處，往往為醉人所推罵，輒自喜漸不為人識。」[7]他的「放浪」山水間，形同是自我放逐，從太守變成待罪之身，這在一般人是很難做到放得開的，幸好他自幼受到道家的陶冶，對於禍福相倚的道理，早已了然於心，才能「駕一葉之扁舟，舉匏樽以相屬。寄蜉蝣於天地，渺滄海之一粟。」[8]也才能優游於天地間，寄情於山水中，而不為際遇所困。

在黃州的日子裡，東坡靜觀默坐，鑽研道經，熱中煉丹，嚮

---

4 參見蘇洵《嘉祐集》（上海：古籍出版社，1993 年），頁 416。
5 參見吳琳〈蘇洵與釋道〉，《宗教學研究》（成都：宗教學研究編輯部，1990 年）第 2 期，頁 93。
6 參見《蘇軾詩集》卷 13（臺北：學海出版社，1983 年 1 月），頁 649。
7 參見郎曄《經進東坡文集事略》卷 47，〈答李端叔書〉，頁 794。
8 參見郎曄《經進東坡文集事略》卷 1，〈前赤壁賦〉，頁 3。

往神仙。他將這樣的思想，化為詩文，寄託他對人生的看法，形成了黃州絕美的詩詞歌賦，此時的〈超然臺記〉、〈赤壁賦〉、〈念奴嬌〉，那種遊於物外、飛仙遨遊，古今如夢，何曾夢覺的飄忽之感，全是道家給他的創作靈感。

黃州之後的還朝為官，黨爭不斷，東坡藉題畫詩寄託想像，仙人的境界更是他企盼卻永遠到不了的仙鄉。他的詩仍然大量的描寫神仙煉丹、仙人長生的用語，但他也漸漸了解自己是無法擺脫政敵的糾纏，以至於得道成仙益發的不可能。再次的貶謫惠州，乃至遠謫到儋州，他終於有時間，好好的服食丹藥，練起氣功，來抵擋外在嚴酷的環境考驗。可惜的是，當時的儋州堪稱窮山惡水、天涯海角，他仍受不了瘴癘之氣，以至於北歸之後病歿。

東坡對於道的體認，自幼到老，可說是了然於心的。無論是少年時期的詩作，中年時期的散文、詞賦，他信手拈來，都能活用入典。及至老年，道家歌訣、養生煉丹，已成為他的日課了。他將道家典藏化為詩文，給後世人留下研究的寶典，最可貴的，是以親身踐履道家的精神，供世人在內心不平時，得到療癒；在外在環境惡劣時，知道如何養生，這不能不說是他身為文人的另一項貢獻。

且看東坡〈定風波〉，如何排遣內心的憂悶，吾人就可得知道家的有無相生、晴雨皆同，是如何的深入他的心。「莫聽穿林打葉聲，何妨吟嘯且徐行，竹杖芒鞋輕勝馬，誰怕？一蓑煙雨任平生。料峭春風吹酒醒，微冷，山頭斜照卻相迎。回首向來蕭瑟處，歸去，也無風雨也無晴。」整首詞描述的的外在風雨對於人的脅迫，是如此的緊密與無情，但內心不受干擾，則無懼怕。這與《心經》所言「心無罣礙，則無恐懼」看法一致；重要的是嚴峻的政治情勢過後，「也無風雨也無晴」，一切就像是回歸平靜，有若無、實若虛，天地間的一切相生相滅，是如此自然不過的一件事啊！這

首詞是他透過了佛道的思維，領悟出來如何超脫的道理。在他被貶謫到黃州的那個時候，他就是以佛家的不要罣礙與道家的順乎自然，度過幽居苦悶的歲月。

《東坡志林》裡記載了一件事，說到了「怕人知事莫萌心」，說明了道家練心的重要。「子由曰：『有一人死而復生，問冥官如何修身，可以免罪？』答曰：『子且置一卷曆，畫日之所為，暮夜必記之，但不記者，是不可言不可作也。無事靜坐，便覺一日是兩日，若能處置此生常似今日，得至七十，便是百四十歲，人世間何藥可能有此效！既無反惡，又省藥錢，此方人人收得，但苦無好湯，使多咽不下。』」[9] 道家養生，多提煉心、養氣，靜坐、吐納，平生之所為，未嘗不能向人言，東坡對此，顯然是身體力行的。他將寫詩當成日記，強調「有事在心，不吐不快」，這些都是對「道」的體認，所以作詩填詞，很自然就流露出真性情，可見「道」不僅僅是偶發的興感，而是深入生命的體驗。

北宋是一個玄學與禪學融會的時代，莊子的「自然無為，返樸歸真」與禪宗的「頓悟」、「心即是佛」，有異曲同工之妙。東坡的老莊思想，是時代風尚，也是他安身立命之道。綜觀他從道家擷取的哲學思想，有「主客合一」、「物我兩忘」、「窮達不易」、「能虛處靜」四端。

「主客合一」出自莊子「天地與我並生，萬物與我為一」的主張，莊周化蝶，栩栩然如蝶，又蘧蘧然周也，不知蝶是周，抑或是周是蝶。從哲學思維來看，人的經驗法則通常會透過三階段：見山是山，見水是水；見山不是山，見水不是水；見山又是山，見水又是水。唯有驗證過的事物，能使我們有定見。東坡在前〈赤壁賦〉提到「逝者如斯，而未嘗往也。盈虛者如彼，而卒末消長

---

[9] 參見劉文忠評註《東坡志林》（北京：中華書局，2014 年 5 月），頁 119。

也。蓋將自其變者而觀之，則天地曾不能以一瞬；自其不變者而觀之，則物與我皆無盡也。」[10]這實是對莊子主客合一最好的詮釋，他點出了自我的自得自適與自足，唯有精神的超脫，能展現個人的獨特面貌，而不受限於有限的時空。

「物我兩忘」最重要的辯證是〈秋水〉篇的「子非魚，安知魚之樂？」、「子非我，安知我不知魚之樂？」當人們把情感移到物裏去分享物的生命，不知不覺中，由物、我兩忘進到物、我同一的境界，這是朱光潛《文藝心理學》指出的「移情作用」。莊子在此也提出「鵷鶵非梧桐不止，非練實不食，非醴泉不飲」，指出精神自在的可貴。蘇東坡〈卜算子〉寫道：「缺月掛疏桐，漏斷人初靜。誰見幽人獨往來，縹緲孤鴻影。驚起卻回頭，有恨無人省。揀盡寒枝不肯棲，寂寞沙洲冷。」[11]將孤鴻化為一己的身影，瞬間物我兩忘，沉浸在莊周的「相濡以沫，相忘於江湖」裡。為了追尋更廣闊的天地，與其相濡以沫，不如相忘於江湖啊！

「窮達不易」出自莊子〈德充符〉：「死生存亡，窮達貧富，賢與不肖，毀譽饑渴寒暑，是事之變，命之行也。」[12]莊子主張人要不以好惡傷其身，東坡則主張窮達不可易其節。他說：「吾儕雖老且窮，而道理貫心肝，忠義填骨髓，直須談笑於死生之際，若見僕困窮便相於邑，則與不學道者大不相遠矣。」[13]學道為人，不因窮達易其節，不因毀譽動其心，這是東坡的中心思想，形全，天也；德足，人也，也唯有知命、順命，才知人事中有許多不得已也，這樣的概念，在蘇東坡的詩文中，常有論述。

「能虛處靜」出自莊子〈天道〉篇：「虛靜恬淡，寂寞無為，

---

10 參見《經進東坡文集事略》卷 1，〈前赤壁賦〉，頁 3。
11 參見《東坡樂府箋》，卷 2（臺北：華正書局，1974 年 6 月），頁 224。
12 參見王先謙《莊子集解》卷 2（臺北：華正書局，1975 年 3 月），頁 37。
13 參見《蘇東坡全集》卷 51（臺北：世界書局，2016 年 5 月），〈與李公擇書〉。

萬物之本也。」老子說：「致虛極，守靜篤。萬物並作，吾以觀復。」
因此，知道萬物之理，方能可長可久。東坡以此做為對藝術創作
的原則，也指出了美學的源頭。他的〈送參寥師〉言：「欲令詩語
妙，無厭空且靜。靜故了群動，空故納萬境。」[14]虛空、閑靜，方
能領悟萬物之理，創作出好的詩文。

　　東坡對道的體悟，使得他能建構一己的哲學觀。他瞭解保持
精神上的自由，可以擁有一己的特色；他明白為了理想，必須抉
擇更大的天地；他也知命、順命，相信天理循環的道理，而後處
虛能靜，遁入到詩文創作之中，尋求解脫，擺脫外在對他的桎梏。
他的天性樂易，「上可陪玉皇大帝，下可以陪卑田院乞兒。」「眼
前見天下無一個不好人。」[15]這真不是一般人做得到的，何況他還
是個大學士呢！

參、東坡對「佛法」的踐履

　　蘇軾來自佛教家庭，在他周圍的親人，從祖父到妻子，都是
虔誠的佛教徒，他自然對佛教有很深的認同和體悟。他為父親施
捨吳道子畫的佛龕，為謹遵母命，不挖岐山下隆起的寶藏，慈悲
喜捨，兼而有之。若論蘇洵，對儒佛道三家皆有深入的了解，與
雲門宗圓通居訥和寶月大師惟簡交往密切，東坡自幼即隨父親出
入寺廟、僧院，汲取佛家法要。在〈齊州長清縣真相院釋迦舍利
塔銘并敘〉中，東坡曾說：「昔予先君文安主簿贈中大夫諱洵、
先夫人武昌太君程氏，皆性仁行廉，崇信三寶。捐館之日，追述
遺意，舍所愛作佛事，雖力有所止，而志則無盡。」[16]母親程氏與

---

[14] 參見《蘇軾詩集》卷 17，頁 905。

[15] 參見丁傳靖《宋人軼事彙編》卷 12 引賈似道《悅生隨抄》，頁 604。

[16] 參見《蘇東坡全集》卷 40，〈齊州長清縣真相院釋迦舍利塔銘并敘〉。

他的三個妻妾，皆虔誠禮佛，三寶是佛教用語，意為佛、法、僧，蘇軾說父母「崇信三宗」，意為父母都佛教徒，但若結合父親蘇洵的整體經歷與所存詩文來看，很難說他是一個佛教徒，或者說很難說他是一個虔誠的佛教徒。蘇洵曾寫過自己的崇道事跡：「洵自少豪放，嘗於天聖庚午（西元 1030 年）重九玉局觀無礙子肆中見一畫像，筆法清奇。」因此，他在佛教家庭裡，耳濡目染，加上對佛經的理解，將佛法融入詩文中，也就不足為奇了！

北宋詩學到歐陽修時，仍是以儒家為範疇，直到「三蘇」入京，才產生儒釋道三教一體的融合，詩禪的融合，也在蘇東坡的踐履中，得到前所未有的發展[17]。他揉合儒釋道三家的思想，以禪入詩，在詩文中屢見不鮮。〈祭龍井辯才文〉提到：「孔老異門，儒釋分宮，又於其間，禪律相攻。我見大海，有北南東，江河雖殊，其至則同。」[18]表面上看，三種教派各別苗頭，然眾派歸流，都在探究生命的本源，精神上都在追求自由解脫。儒家的積極進取，是為了實現生命的意義，希冀在短暫的人生中，自我實現。老莊之道，則是不以物傷身，追求精神的自我解脫，不受羈絆。佛家的拋卻名聞利養，緣起性空，是要人降低物慾，苦行勤修，回歸內心的清靜自在。東坡了解「自在」是三教共同的追求，同時，也只有心靈能得到自由，才能創作好的作品。

「以禪喻詩」從某一個層面來談，就是心境的自由奔放，表達在詩的哲理中。東坡的廬山瀑布詩，就展現了這番哲理。「廬山煙雨浙江潮，未到千般恨不消。到得還來無別事，廬山煙雨浙江潮。」[19]若說人世間有其實相，其實一切是虛；若說未得禪意，百般「心齋坐忘」，及至已得禪意，卻又嗒然若失，所以一切法，

---

[17] 參見蕭麗華〈東坡詩論中的禪喻〉，《佛學研究中心學報》第 6 期，頁 243–270。

[18] 參見《蘇東坡全集》卷 21，〈祭龍井辯才文〉。

[19] 參見孔凡禮點校《蘇軾詩集》，〈觀潮〉（北京：中華書局，1982 年 2 月）。

非法，非非法，全在心念之間。能悟得此道，下筆為詩，修養全落在筆端，無法矯飾。蘇軾在詩中，將佛法融入，使得意在言外，耐人尋味。俗話說「無來無去無代誌」（台語），也正是這樣的意境。

像這樣的禪詩，我們可以在蘇軾詩中，隨處可見。他的〈東坡〉詩中說：「雨洗東坡月色清，市人行盡野人行。莫嫌犖确坡頭路，自愛鏗然曳杖聲。」[20]這裡有對人生的體悟，也將人生之路形容是難行的石頭路。之後，他在〈次韻答寶覺〉詩中寫道：「芒鞋竹杖步行纏，遮莫千山更萬山。從來無腳不解滑，誰信石頭行路難？」拿石頭路當做人生的道路，原是出自佛家的哲理，雖以俗語「遮莫」入詩，不但沒有違和感，還更覺樸拙。

禪宗主張「頓悟」，是一種自性的光明，積累之後，忽得通透清澈，方喜玲瓏可愛。東坡〈記承天寺夜遊〉，即有此趣。

> 元豐六年十月十二日，夜，解衣欲睡；月色入戶，欣然起行。念無與樂者，遂至承天寺，尋張懷民。懷民亦未寢，相與步於中庭。庭下如積水空明，水中藻荇交橫，蓋竹柏影也。何夜無月？何處無竹柏？但少閑人如吾兩人耳！[21]

月下的藻荇交橫，兩人閒遊，勾勒出空靈的世界。期間動靜相生、虛實相映，洋溢著幾許生趣。「何夜無月？何處無竹柏？但少閑人如吾兩人耳！」真是神來一筆，如果不是在極端虛靜之下，這樣的知覺很難被喚起，而這也就是「禪宗」頓悟的機趣了！

禪理、禪趣之外，還有禪悅的意境，也值得一提。東坡有〈醉翁操〉，是詞中有聲有色之作，其中充滿禪悅，也是一篇醞釀多時，發自至情的作品。詞云：

---

20 參見《蘇軾詩集》卷 22，頁 1184。
21 參見《東坡志林》卷 1，頁 5。

琅然清圓誰彈？響空山，無言，惟有醉翁知其天。月明風
露娟娟，人未眠，荷簣過山前，曰「有心也哉，此賢！」
醉翁嘯詠，聲和流泉；醉翁去後，空有朝吟夜怨。山有時
而童巔，水有時而回川，思翁無歲年，翁今為飛仙，此意
在人間，試聽徽外三兩弦！[22]

這首詞是記歐陽修生前常到滁州瑯琊山中，把酒聽泉，欣然忘歸，
太常博士沈遵以琴寫之，譜制而成的琴曲。廬山道人崔閑於兩人
歿後恨此曲無詞，東坡因此為曲填詞。東坡是繼歐陽修之後，主
掌北宋文壇的人，於情於理，為曲填詞是最適合的人選。他賦予
瑯琊山琅然清圓的聲響，描繪六一居士在山中自得其樂的畫面，
還讚嘆歐陽修是山中賢者，將對恩師滿懷的思念，化為琴聲，遙
寄仙逝的老師，無論是情、韻、調，都躍然紙上。詞中的「山有
時而童巔，水有時而回川，思翁無歲年，翁今為飛仙，此意在人
間」，有鏡花水月之感，禪悅自在其中矣！

「學詩渾似學參禪」，將禪學與詩學做了連結，是宋代文人
的風尚。東坡在詩裡提到「暫借好詩消永夜，每逢佳處輒參禪」
[23]，可見除禪喻、禪趣、禪悅，禪的境界也就是詩的境界。禪有四
種境界：現量境、直覺境、圓融境和日常境。現量境就是現有的
自然山水，一花一草，一沙一石都是般若，也都是佛的境界。東
坡在〈自興國往筠，宿石田驛南二十五里野人舍〉，描寫的就是
這樣的心境。詩云：「溪上青山三百疊，快馬青山來一抹。倚山
修竹有人家，橫道清泉知我渴。芒鞋竹杖自輕軟，蒲薦松牀亦香
滑。夜深風露滿中庭，惟見孤螢自開闔。」[24]到了一個陌生的村落，
眼見無非是自然景致，在東坡眼中，芒鞋竹杖、蒲薦松牀，一切

---

[22] 參見《東坡樂府箋》卷 2（臺北：華正書局，1974 年 6 月），頁 221。
[23] 參見《蘇軾詩集》卷 30，頁 1616。〈夜直玉堂攜李之儀端叔詩百餘首讀至夜半書其後〉。
[24] 參見《蘇軾詩集》卷 23，頁 1220。

是如此樸實；清泉修竹、孤螢風露，到處都是禪機。東坡對於現量境是有領悟的，因此在下筆創作時，很自然地流露對大自然的感受。

　　直覺境則是靈感的一剎那美的感受，它是醞釀後的神來一筆。東坡在三十七歲方寫詞，先是熙寧五年正月，在杭州城外探春，作〈浪淘沙〉（昨日出東城），而後在隔年寫下了〈行香子〉，描寫的就是直覺境。詞云：「一葉舟輕，雙槳鴻驚，水天清影湛波平。魚翻藻鑑，鷺點煙汀，過沙溪急、雙溪冷，月溪明。」[25]這首詞中的「輕、驚、平、急、冷、明」都是一種直覺，它是偶然觸發，直覺流露，不假半點藻飾的直觀，一經描寫，自然成景，自然有境界在其中。

　　圓融境指的是真如自性所顯現的萬事萬物，《楞嚴經》說「一即是多多即一；文隨於義義隨文」，自性可以顯萬法，萬法也不離自性，兩種境界圓融無礙，無二無別。東坡在〈泛潁〉詩中，即涵融著這樣的概念。詩云：「畫船俯明境，笑問汝為誰？忽然生鱗甲，亂我鬚與眉。散為百東坡，頃刻復在茲。此豈水薄相，與我相娛嬉？」[26]東坡即一，東坡即多，從自性顯萬法，萬法也歸於自性。東坡對於佛理中的圓融境，可以說是深有體會的。

　　日常境即是佛法中的無住、無念、無相，也就是以平常心處生活日常，只有隨遇而安，方能得佛法要義。東坡在〈被酒獨行〉詩中，寫道：「半醒半醉問諸黎，竹刺藤梢步步迷。但尋牛矢覓歸路，家在牛欄西復西。」[27]詩中活畫出一個醉酒的老翁，在鄉間問路的情況，是那麼的平凡，那麼的日常，不經藻飾而充滿天真。他的〈縱筆三首其一〉也有這樣的意境。詩云：「寂寞東坡一病

25　參見《東坡樂府箋》卷1（臺北：華正書局，1974年6月），頁59。
26　參見《蘇軾詩集》卷34，頁1794。
27　參見《蘇軾詩集》卷42，頁2322。

翁，白鬚蕭散滿霜風。小兒誤喜朱顏在，一笑那知是酒紅。」[28]老少對話，充滿童趣，年邁的寂寞與生病的痛苦，在對話中已消失殆盡。這又是佛理與詩理的結合，在東坡看來，生活中的平凡事物，也自有一番境界。

我們從東坡的詩詞文章中，看到了東坡是如何的參悟佛理，化為詩理，然後創作出膾炙人口的詩文。事實上，他的一生與佛學要義也是脫離不了關係的，若說他是以佛法排遣苦悶，那可能是一種表相，東坡骨子裡是參透佛法的，他信手拈來，都可以寫出人生哲理的句子，可說是親身踐履佛法，而能有所得。

肆、東坡對「儒學」的精研

蘇東坡自幼就受家庭的影響，以伯父蘇渙為榜樣，有意求仕。曾鞏《元豐類稿》曾提到：「蜀五代之亂，學者稍衰，又安其鄉里，皆不願出仕。君獨教其子渙受學，所以成就之者甚備。至渙以進士起家，蜀人榮之，意始大變，皆喜受學。」[29]蘇渙不獨是蘇軾兄弟的榜樣，也是蜀人效法的對象。東坡的父親蘇洵，歐陽修曾有描述，說他「年二十七，始大發憤，謝其素所往來少年，閉戶讀書，為文辭。歲餘，舉進士，再不中，又舉茂才異等」，不中。退而嘆曰：『此不足為吾學也。』悉取所為文數百篇焚之。益閉門讀書，絕筆不為文者五六年，乃大究六經百家之說。」[30]東坡對儒家的認知，是家學淵源使然。

---

28 參見《蘇軾詩集》卷 42，頁 2328。
29 參見《元豐類稿》卷 43，《四庫全書》1098 冊，頁 709 – 710，〈贈職方員外蘇君墓誌銘〉。
30 參見《文忠公集》卷 34，《四庫全書》1102 冊，頁 272，〈故霸州文安縣主簿蘇君墓誌銘〉。

　　他的母親程氏夫人，也是對他深具影響的人。在蘇洵遊學四方時，程夫人親授蘇東坡《漢書》，至〈范滂傳〉，慨然嘆息，東坡問：「軾若為滂，夫人亦許之否乎？」程夫人的首肯，顯然在東坡心中種下「憂國憂民」的種子。「比冠，學通經史，屬文日數千言。」、「初好賈誼、陸贄書，論古今治亂，不為空言。」[31]蘇東坡身為儒者的命運，於焉成形。他與一般士子無異，通過進京應試、中舉為官，實現「經世濟民」的理想。

　　在蘇東坡眼中，孔子的學說，涵納「堯、舜、禹、湯、文、武、周公之法度禮樂刑政，與當世之賢人君子百氏之書，百工之技藝，九州之內，四海之外，九夷八蠻之事，荒忽誕謾而不可考者，雜然皆列乎胸中，而有卓然不可亂者，此固有以一之也。」[32]這裡的「一」，指的是「一以貫之」的儒家之道。儒家以「仁」為本，仁君好的作為，是全民的福祉，因此，有不忍人之心，乃有不忍人之政。為人君者，心繫黎民，「人飢己飢，人溺己溺」，所以，古之賢君莫不是「天聽自我民聽，天視自我民視」，這是蘇東坡所理解的「仁君之政」。他在〈孟軻論〉也說：「人能充其無欲害人之心，而仁不可勝用也；人能充其無欲為穿窬之心，而義不可勝用也。」[33]可見對仁君賢人的看法，就是一個「仁」字。

　　東坡對仁義之道，曾有一番闡述。他認為「仁義之道，起於夫婦父子兄弟相愛之間，而禮法刑政之原，出於君臣上下相忌之際。相愛則有所不忍，相忌則有所不敢，夫不敢與不忍之心合，而後聖人之道，得存乎其中。」[34]不忌其君，不愛其父，東坡認為這樣一來，「仁不足以懷，義不足以勸，禮樂不足以化」，這些

---

[31] 參見《欒城後集》卷 22，《四庫全書》1112 冊，頁 759，〈亡兄子瞻端明墓誌銘〉。
[32] 參見《經進東坡文集事略》卷 6，〈孟軻論〉，頁 84。
[33] 同註 32。
[34] 參見《經進東坡文集事略》卷 7，〈韓非論〉，頁 94。

都是悖棄儒家的教化。

其次，儒家講究「禮法」，也是東坡認為極重要的價值。他在〈禮以養人為本論〉提到「禮之初，始諸人情，視其所安者，而為之節文，凡人情之所安而有節者，舉皆禮也。」就因為禮是規範人情之節文，因此不在表面的升降揖讓，而在名實相符。他在〈安萬民〉的「崇教化」中，提到「宜先其實而後其名，擇其近於人情者而先之。今夫民不知信，則不可與久居於安，民不知義，則不可與同處於危。」[35]也就是主張安民在崇禮，崇禮在於人民能信知義，儒家強調「民無信不立」，主要的原因也是在此。

東坡曾在〈上神宗皇帝書〉中提及：「國家之所以存亡者，在道德之淺深，不在乎強與弱；曆數之所以長短者，在風俗之厚薄，不在乎富與貧。」[36]書中引孔子說「欲速則不達」，引孟子言「始作俑者，其無後乎」，將孔孟「重民患」的道理，闡述得十分透澈。文後他也勸神宗不可「求治太速、進人太銳、聽言太廣」，最重要的是辨別君子與小人的作為。

義利之辨、君子小人之分，是儒學的要義。君子和而不同，小人同而不和，人君若不能辨此，枉道速禍，也是不可避免的。東坡於儒家教化中，悟得了堅守正道的重要。綜觀他的一生願望「致君堯舜上，再始風俗淳」，是如此深入人心，也因此他也自言「知臣者謂臣愛君，不知臣者謂臣多事，空懷此意，誰復見明。」[37]鍾愛國君，是人臣的本分。儒家重視倫理，「君君、臣臣、父父、子子」，各適其職，則人倫乃昌。從古至今，「中庸」之道，一直深植在世人的心中，這一點也是東坡一直保有的價值觀。

《中庸》言性與命，東坡則直指中庸之旨為「誠」，誠於中

---

[35] 參見《經進東坡文集事略》卷 17，〈安萬民策〉，頁 255。
[36] 參見《經進東坡文集事略》卷 24，〈上神宗皇帝〉，頁 385。
[37] 參見《經進東坡文集事略》卷 25，〈徐州謝表〉，頁 401。

則形於外，君子表裡如一，臨難不奪其節，所以可貴。他也說「君子之時中，而小人之所以為無忌憚」，「君子見危則能死，勉而不死，以求合於中庸；見利則能辭，勉而不辭，以求合於中庸。小人貪利而苟免，而亦欲以中庸之名私自便也。」[38]君子與小人之難辨，即在是否有「節操」可言，如果見利忘義，苟且偷生，則為人之道有虧，於禮法亦有損。

　　以儒家的標準來看諸子百家，東坡自有一番見解。他批評荀子「主性惡，詆賢人」，而認為荀子「剛愎不遜，自許太過」，他也批評韓非子「引繩墨、切事情」，到最後「慘礉少恩」，可以看出他維護儒家正統的心意。他讚美孟子「深於詩而長於春秋」，提到「其道始於至粗，而極於至精。充乎天地，放乎四海，而毫釐有所必計。」[39]仁與義，最終才是東坡所認為的大道。

　　東坡在詩文中，也具有仁民愛物，仁者必有善報的觀點。「鉤簾歸乳燕，穴牖出痴蠅；愛鼠常留飯，憐蛾不點燈。」[40]仁民愛物，是儒家哲學的體現，在世人看來，似乎愚不可及，然而細思之下，仁人君子，自當有澤及萬物的心胸，而且東坡深信「善惡之報，至於子孫，而其定也久矣！」在他看來，「國之將興，必有世祿之臣，後施而不食其報，然後其子孫能與守文太平之主共天下之福。」[41]基於這樣的信念，東坡終其一生，無不尊主澤民、愛物惜物，朝著德披後人，血食百世的路上邁進。

　　綜上所論，東坡一生挺挺大節，忠君愛民，對儒家的思想不但拳拳服膺，且身體力行。他反對虛偽的禮法，主張順應人情、講究倫理道德，有北宋士大夫的風範。孔孟之道，在他看來，是

---

[38] 參見《經進東坡文集事略》卷 4，〈中庸論〉，頁 55。
[39] 參見《經進東坡文集事略》卷 6，〈孟軻論〉，頁 86。
[40] 參見《蘇軾詩集》卷 39，〈次韻定慧欽長老見寄〉，頁 2114。
[41] 參見《經進東坡文集事略》卷 59，〈三槐堂銘〉，頁 970。

成聖成賢的道路，一切政治、社會、文化，都與儒學的要義相關。
若說他是孔孟的信徒，相信也沒有人會反對。

伍、結語

　　蘇東坡生長的時代，是儒釋道三教合一的氛圍。他自幼就因
父母家族的關係，浸染在道教與佛教的環境下，終其一生，未嘗
忘卻「隨順自然」、「慈悲為懷」。在〈祭龍井辯才文〉中，他
寫到：「孔、老異門，儒、釋分宮，又於期間，禪、律相攻。我
見大海，有北南東；江河雖殊，其至則同。雖大法師，自戒定通。
律無持破，垢淨皆空；講無辯訥，事理皆融。如不動山，如常撞
鐘；如一月水，如萬竅風。」[42]指出了儒、釋、道在他心中兼包並
融的想法。

　　在東坡晚年被貶謫到儋州的那一段日子，外在的環境是「食
無肉，病無藥，居無室，出無友，冬無炭，夏無寒泉，然亦未易
悉數，大率皆無耳。」[43]他是怎樣度過這樣困乏的日子呢？他說
「尚有此身，付與造物者，聽其運轉，流行坎止，無不可者。」
此時的他，將萬緣放下，一切隨緣，將自己交給天地造化，而達
到無入不自得的境地。

　　如此看來，生命的哲學是一門很重要的功課。上天給我們軀
體，讓它在人生中百般試煉。得意時，意氣風發，恣意地揮灑才
華；失意時，萬籟岑寂，形隻影單，讓我們回歸太初，與萬物冥
化。得失之間，我們「積學以儲寶，研閱而窮照」，體察上天賜
給我們豐美人生的意義。若沒有老莊「虛靜」、「心齋」的指引，

---

[42] 參見《蘇東坡全集》卷 63，〈祭龍井辯才文〉，頁 1961。
[43] 參見《蘇東坡全集》卷 55，〈與程秀才〉，頁 1628。

沒有佛家「空有」、「慈悲」的教化，以及儒家「用之則行，舍之則藏」的啟示，人生就像走在石頭路上，會覺得崎嶇而難行。

　　所幸的是，蘇東坡經歷了北宋三教合一的洗禮，能汲取各家學說的精華，融會貫通，形成一己的哲學觀。他達觀而進取，聰明且豪邁，勤學乃多才。從廿六歲仕宦，至卅六歲可視為東坡意氣風發的時期。卅七歲到四十七歲這十年，他從事政治活動，歷經黨爭，因詩得禍，同時，締造了文學創作的高峰。四十八歲到五十八歲，他又從谷底翻身，位極人臣。五十八歲之後，他被一貶再貶，貶到了儋州。經歷了這麼多的人間事，他的信念始終未嘗動搖對三教的崇仰。

　　豐富他這一生的，是他的思想多元而開明；藻飾他一生的，是他的書畫詞賦；決定他一生的，是他的仕宦起伏。他不吐不快的個性，使他樂易而輕敵；他才名太高的結果，使他受妒且被害；他說黃州、惠州、儋州是他一生的功業，因為這三個地方，讓他體會到「悲欣交集」的人生。套句他所寫的詞：「歸去，也無風雨也無晴」，這是真正參透了人生況味，才道得出的言語啊！

　　本文闡述東坡對道家的體認，對佛法的踐履，以及對儒學的精研，旨在說明東坡是一個道家的弟子、佛家的信徒，以及儒家的傳人。要了解東坡為何作品能大氣旋轉，筆力萬鈞；為何豪邁清雄，文學成就為北宋第一人，不能不瞭解他在三教合一下，汲取了中華文化的精華，以至於所作詩文意到筆隨，觸處生春。他的詩詞文賦，全出自「心地空明，自然流出」，這也就是三教所講求的「自性流露」啊！

02

蘇軾儒家「君子」論

摘要

　　蘇軾一生以儒家思想為根柢，而儒家最重視的是「君子」的人格特徵，那就是凡事「講仁義」、「守禮法」、「道中庸」。在蘇軾心中，君子是行為道德都高尚的人，古之儒生，如果能符合此一標準，就是蘇軾效法的對象。本文擬就蘇軾提及君子的形象，著眼於他「講仁義」、「重禮法」、「道中庸」的看法，以及他認為身為君子應恪守那些儒家的倫理道德。仁義是君子的根本，道德是禮法的表現，讀書人立身處世，更應於讀書之餘，致力於道德的修養。「窮則獨善其身，達則兼善天下」，蘇軾身為儒家的奉行者，更是以此為圭臬，樹立了「君子」的形象。本文擬爬梳此一要義，供學子參酌，期能立志「淑世淑人」、「胸懷天下」。

關鍵詞：中庸、仁義說、君子、蘇軾、禮法

壹、前言

　　「君子」是儒家勉人立身處世的標竿，一個人能成為君子，才能受人敬重，否則，必然會被人鄙夷。在古代，「君子」有時特指「君王」，一般而言，是指儒生。儒生會有相對的兩種不同表現的方式，一是「君子儒」，一是「小人儒」。《論語》：子謂子夏曰：「**女為君子儒，無為小人儒。**」（〈雍也〉）孔子所稱許的是行事光明磊落、心懷仁德的君子；他所告誡的，是不要做一個見利忘義、表裡不一的儒生。究竟「君子」與「小人」在蘇軾眼中，又會有不同呢？

　　在蘇軾〈范文正公集敘〉，提及的古之君子有伊尹、太公、管仲、樂毅等，認為他們的王霸韜略，值得稱許，然對於范仲淹，則是稱他「**其於仁義禮樂、忠信孝悌**」[1]值得高度讚揚。

　　宋代讀書人重氣節，對於自身的要求也高於歷代文人，尤其是北宋范仲淹、歐陽修、司馬光、蘇軾等人，都是忠君愛國、學養俱佳的文人。儘管政治理念略有出入，但在行事為人上，都不失為君子。蘇軾飽讀詩書，出入仕宦，始終本著「**致君堯舜上，再使風俗淳**」[2]的信念，對於「仁義禮法」的看法，可說是了然於心。

　　在蘇軾心目中，讀書人當然要致力做一位「君子」，不可以做「小人」。對蘇軾而言，君子和小人的分野，就在於「君子恪守仁義道德，為國無私奉獻」，小人「悖離儒家之道，自私自利，貪圖享樂」，他把君子比喻成「嘉禾」，小人就好比「惡草」，

---

[1] 參見孔凡禮點校《蘇軾文集》卷 10，（北京：中華書局，1986 年 3 月），頁 311。

[2] 參見杜甫〈奉贈韋左丞丈二十二韻〉，張淑瓊主編《唐詩新賞》（臺北：地球出版社，1989 年 4 月），頁 17。

而說：「君子如嘉禾也，封殖之甚難，而去之甚易；小人如惡草也，不種而生，去之復蕃。」（〈續朋黨論〉）北宋讀書人各自呼朋引伴、成群結黨的現象，十分普遍，蘇軾就被歸屬在「蜀黨」裡[3]。蘇軾認為君子是很難培養的，但小人不必培植，自然會生長，因此，要怎樣培養君子儒？蘇軾終其一生，是如何勉勵自己成為君子的？這個主題很值得我們探究。

貳、蘇軾對「仁義」的看法

蘇軾對於「儒」的看法，有其精到的見解。他認為文武禹湯之聖德，是儒者的極致；陸賈叔孫通之流，是儒術之粗疏者[4]。同樣是儒，這兩者的差異是什麼？他說：「周室既衰，諸侯並起，力征爭奪者，天下皆是也。德既無以相過，則智勝而已矣；智既無以相傾，則力奪而已矣！至秦之亂，則天下蕩然無復知有仁義矣！」（〈儒者可以守成論〉）仁義與權謀，就是兩者最大的區別。文武禹湯以仁義治天下，行事光明，胸懷仁德，將君子儒的形象深烙在世人的心中，而後世儒生仁義不施、權謀用盡，在蘇軾看來，只是俗儒的表現。他在文中曾引孟子的一段話：「人能充其無欲害人之心，而仁不可勝用也；人能充其無欲為穿窬之心，而義不可勝用也。」（〈孟軻論〉）在此論之前，孟子還有一段話，解釋何謂的仁義。孟子曰：「人皆有所不忍，達之於其所忍，仁也；人皆有所不為，達之於其所為，義也。」（《孟子·盡心下》）仁就是《論語》所說「己所不欲，勿施於人」（〈顏淵〉），義也就是「用己之心，盡己之力」，要成為一位君子，必須具有很高度

---

[3] 參見陳邦瞻：《宋史紀事本末》上冊，卷 45〈洛蜀黨議〉（臺北：三民書局，1973 年 4 月），頁 349。
[4] 參見郎曄《經進東坡文集事略》卷 9（臺北：世界書局，1975 年 1 月），頁 115。

的同理心、同情心。做一件事情之前，先想想這件事是否合乎仁義，是否令人堪受，而不是只想以力服人，以權勢欺壓他人。蘇軾曾在文章中提到：「君子之為善，非特以適己自便而已，其取於人也，必度其人之可以與我也。」（〈劉愷丁鴻孰賢論〉）儒生能擴充這樣的仁德，自然走在君子儒的路上，受人們的敬重。

蘇軾一生都以君子自許，無論出仕為官，或是貶居各州，他都能本著「不加害他人的心」，同時，隨順環境的變化，無欲無求。他在文章中曾說：「古之君子，不必仕，不必不仕。必仕，則忘其身，必不仕，則忘其君。」（〈張氏園亭記〉）蘇軾認為一個君子能蹈其義、赴其節，是很難能的，一般而言，是「安於故而難出，狃於利而忘返」，於是他勉勵自己「丈夫重出處，不退要當前」，在朝為官，盡忠職守，寫詩諷諭、為文進諫，俾人主感悟，制定對人民有利的法條。然而他的周遭，為了竊取名位，不惜攻訐他人、抹黑陷害的小人，形成了一股勢力，對他無情的攻擊，使他在仕宦路上，因「烏臺詩案」被貶謫黃州，元祐年間，新黨復起，他又被貶謫到惠州、遠謫到儋州。這是一個君子的宿命，蘇軾是了然於心的。

他在論朋黨時，提到了如果君子和小人爭，小人一定是勝利的。他說：

> 有黨則必爭，爭則小人者必勝，而權之所歸也，君安得不危哉！何以言之？君子以道事君，人主必敬之而疏。小人唯予言而莫予違，人主必狎之而親。疏者易間，而親者難睽也。而君子者，不得志則奉身而退，樂道不仕；小人者，不得志則徼倖復用，惟怨之報。此其所以必勝也。（〈續朋黨論〉）

君子的有所為、有所不為，全都在於是否以仁義為依歸，而小人

的無所不為、挾怨報復，是君子防不勝防的。何況小人甜言蜜語，奉承人主，目的在假藉人君的權勢，除掉與自己不相合的人，這些是君子所不為的行徑。人主倘使不能明察，往往被小人利用而不知。我們看蘇軾被貶謫時，他對朝廷的態度是如何呢？

> 深悟積年之非，用惟多士之戒。貪戀聖世，不敢殺身。（〈黃州謝表〉）

> 臣敢不服膺嚴訓，託命至仁？洗心自新，沒齒無怨。（〈惠州謝表〉）

> 報期碎首，言豈渝心。濯去泥塗，已有遭逢之便；擴開雲日，復觀於變之時。此生豈敢求榮，處己但知緘口。（〈量移廉州謝表〉）

小人的輪番攻訐，使得蘇軾一再的被貶謫，但他仍本著仁心義德，反省自己的缺失，而非怪罪於朝廷。《論語》：「君子求諸己，小人求諸人。」（〈衛靈公〉）仁義之道，是判定君子和小人的分野，君子反省的是自己的作為，但小人巧言令色，一切作為都以利為取向。

至於君子和小人最後是誰勝利呢？蘇軾認為：君子講仁義、重道德，雖被小人攻訐，歷經磨難，但一定可以戰勝小人。他說：「小人急之則合，寬之則散，是從古以然也。見利不能不爭，見患不能不避，無信不能不相詐，無禮不能不相瀆，是故其交易間，其黨易破也。……。君子小人，雜居而未決，為君子之計者，莫若深交而無為。」（〈大臣論‧下〉）以利相合者，終利盡而散，這就是小人到最後自有對頭，無須君子與之相決不下。這麼說來，蘇軾是怎樣判定一個人的行為呢？蘇軾認為判定一個人的是非善惡，要取其大者。《論語說》：「小人有幸而中於善，君子不幸而入於惡，然終不可以易其人者，所以自為之者非也。……君子之

觀人也，必於其所不慮焉觀之。其所慮者容有偽也，雖終身不得其真。」（〈尊孟續辯〉卷下）這個說法，源於《論語》：「吾之於人也，誰毀誰譽？如有所譽者，其有所試矣。」（〈衛靈公〉）一個人是君子，抑或是小人，蘇軾認為必須在「細微處」觀察。如果如顏淵「其心三月不違仁」（《論語・雍也》），那就是真正的君子，而且無論是君子或小人，偶而的過失，不可加以苛責，最終還是要看他所有的行事作為。吾人若能以蘇軾觀察他人的善惡為借鏡，就可知他認為一個人一生的行事善大於惡，就可以稱為君子儒了！

參、蘇軾對「禮法」的見解

如果說「仁義」是內在的涵養，那麼「禮法」就是外在的表現了。蘇軾在文中說：「仁義之道，起於夫婦父子兄弟相愛之間，而禮法刑政之原，出於君臣上下相忌之際。相愛則有所不忍，相忌則有所不敢，夫不敢與不忍之心合，而後聖人之道，得存乎其中。」（〈韓非論〉）換言之，「仁義」出於不忍人之心，而「禮法」則是出於明文的規範。這兩者必須互為表裡，禮的遵循要出於內在的自覺，且要以「仁」為基礎，否則會流於虛偽文飾。這也就是《論語》說的「人而不仁，如禮何？人而不仁，如樂何？」（〈八佾〉）

蘇軾在文中提到禮法的制定，提到名實應相符的問題。他說：「禮之初，始諸人情，視其所安者，而為之節文，凡人情之所安而有節者，舉皆禮也。」（〈禮以養人為本論〉）禮是規範人情之節文，必須出於人情之所安。《論語》說：「視其所以，觀其所由，察其所安，人焉廋哉！人焉廋哉！」（〈為政〉）指的就是一切作為要合乎禮法。對於申韓老莊利用禮法，以刑名為主，蘇軾有一番

論斷：「老聃莊周論君臣父子之間，汎汎乎若萍浮於江湖，而適相值也。夫是以父不足愛，而君不足忌，不忌其君，不愛其父，則仁不足以懷，義不足以勸，禮樂不足以化，此四者不足用，而欲置天下於無有。」（〈韓非論〉）韓非以禮法約束天下，然仁義不足，致使流於慘礉少恩，民不堪其苦。蘇軾認為仁義禮樂缺一不可，禮法的制定不在表面的升降揖讓，而在名實相副，情理兼顧。

禮法固然有約束力，然執法的人尤其重要。蘇軾在文中也提出了他的見解：

> 昔者漢興，因秦以為治，刑法峻急，禮義消亡，天下蕩然，恐後世無所執守，故賈誼、董仲舒咨嗟歎息，以立法更制為事。後世見二子之論，以為聖人治天下，凡皆如此，是以腐儒小生，皆欲妄有所變改，以惑亂世主。臣竊以為當今之患，雖法令有所未安，而天下之所以不大治者，失在于任人，而非法制之罪也。（〈策略三〉）

執法之人若昧於人情，刻薄寡恩，則禮法形同虛設，適足以成為少數腐儒小生變改的藉口，在蘇軾看來，如劉備之用諸葛亮，整頓軍紀，使人人不敢飾其非，而願盡其力，這就是講仁義、重禮法的表現。

禮與義是儒家的中心思想，《論語》提到「禮」字，有時也與「義」字合稱。《論語》說：「上好禮，則民莫敢不敬；上好義，則民莫敢不服；上好信，則民莫敢不用情。」（〈子路〉）仁義禮智信，是儒家的「五常」，其中涵蓋了父子、兄弟、君臣、夫婦與朋友五種關係，是君子立身處世最重要的原則。蘇軾曾說：「一言而可以終身行之者，恕也。仁者得之而後仁，智者得之而後智，施於君臣、父子、夫婦、朋友之間，無所適而不可，是飢渴飲食之道也。」（〈張厚之忠甫字說〉）維繫這五倫關係的，就是孔子所

說的「一以貫之」，能夠以仁恕之心，循禮法而行，就能成為有道德的賢人。他以此自勉，因此在處理人民的事情時，會本著「禮」來做。他說：「一不如禮，在我者甚微，而民有不得其死者也。非禮之害，甚於殺不辜。不仁之禍，無大於此者也。」（〈仁說〉）本著禮法來做事，其基本的初衷是不忍百姓因無辜而受害，發揮這種不忍人之心。對於平日的修身養德，他也有自己的見解，《東坡易傳》：「君子日修其善，以消其不善，不善者日消，有不可得而消者焉。」（〈乾卦〉）日日反省，培養自己的善心，就猶如種植善的種子，使它日滋夜長，仁德日盛。倘若行有不得，最重要的是反求諸己。他曾經說：「君子之志於仁，盡力而求之，有不獲焉，莫若自克。自克而反於禮，一日足矣！」（〈仁說〉）孔子說「克己復禮」（〈顏淵〉），蘇軾也以此自勉，凡事自我要求，但以守禮法為最高準則。他對於有些君子標新立異，違背古君子的作為，曾有精闢的看法，他說：

> 古之君子，必有高世之行，非苟求為異而已。卿相之位，千金之富，有所不屑，將以自廣其心，使窮達利害，不能為之芥蒂以全其才，而欲有所為耳。後之君子，蓋亦嘗有其志矣，得失亂其中，而榮辱奪其外，是以役役至於老死而不暇，亦足悲矣！（〈伊尹論〉）

君子志向遠大，他在「伊尹耕於有莘之野，非其道也，非其義也，雖祿之天下，弗受也」之後，提出了真正的君子，是對祿位不屑的，因為只要落入利祿的誘惑，就會奔走於名利場中，無暇修為。

蘇軾深知，事有大小，做大事者身佚而責重，做小事者身勞而責輕，因此他在文中提到禮義信足以成德，來駁斥有國的君子應當惡衣糲食，與農夫並耕而治。他說：

> 君子以禮治天下之分，使尊者習於尊，卑者安於卑，則夫

民之慢上者，非所憂也。君子以義處天下之宜，使祿之一國者，不自以為多，抱關擊柝者，不自以為寡，則夫民之勞苦獨賢者，又非所憂也。君子以信一天下之惑，使作於中者，必形於外，循其名者，必得其實，則夫空言不足以勸課者，又非所憂也。（〈禮義信足以成德論〉）

君子能以禮治天下，以義處天下事，以信平天下人之惑，則無需憂天下百姓不服教化。其實文章未及言者，是君子若不能以禮、義、信取得百姓之信任，則天下大亂矣！

肆、蘇軾對「中庸」的體認

「中庸」在宋代為學術思想的主流，源於君王的倡導、老莊思想的流行與夫佛學的東來[5]，宋代士大夫於儒家經典中，極力推崇中庸，闡述天道性命之學，遂蔚為風潮。蘇軾在諸多擁護中庸的心性道學氛圍中，對中庸也有自己的看法。他在〈中庸論〉三章裡，詳細的闡明「誠」的重要，以及君子與小人的作為。

《尚書》言：「人心惟危，道心惟微，惟精惟一，允執厥中。」（〈大禹謨〉）這十六字歷來被視為儒學的心傳，蘇軾對此將它解釋為：「人心，眾人之心也，喜怒哀樂之類也；道心，本心也，能生喜怒哀樂者也。……若夫道心隱微，而人心為主，喜怒哀樂，各隨其欲，其禍可勝言哉！道心即人心也，人心即道心也，放心則二，精之則一。桀、紂非無道心也，放之而已；堯、舜非無人心也，精之而已。」（《東坡本傳》）在蘇軾看來，人皆有道心，但若不守其心，則放佚其本心，終將致禍。「自誠明」是成聖之道，然而什麼是誠、明呢？他在文中說：「誠則明矣，明則誠矣。夫誠

---

[5] 參見鄭琳《中庸翼》章三（臺北：文史哲出版社，1982 年 3 月），頁 39。

者何也？樂之之謂也，樂之則自信，故曰誠。夫明者何也，知之之謂也，知之則達，故曰明。」（〈中庸論・上〉）這裡所謂的「樂之」，是指樂於聖人的誠明之道，它比「好之」更上一層樓。一個讀書人能知道誠明之道，且樂於誠明之道，如好好色、惡惡臭，就可以做到「自誠明」了。

　　然而要做到「自誠明」並不是一件容易的事，最主要是禮的制約。蘇軾對於俗儒拘拘於禮法，以至於失卻人情之常，是頗有微詞的。他說：「人情莫不好逸豫而惡勞苦，今吾必也使之不敢箕踞，而磬折百拜以為禮；人情莫不樂富貴而羞貧賤，今吾必也使之不敢自尊，而卑遜退抑以為禮。……此禮之所以為強人，而觀之於其末者之過也。」（〈中庸論・中〉）禮如果違反人心或人性，就失去了中庸之道，必然無法施行。禮的約束，難免有許多牽強之處，所以許多人是會覺得受到約束的。尤其甚者，以中庸之名，行一己之自便，更是蘇軾認為不可取者。他說：「君子見危則能死，勉而不死，以求合於中庸；見利則能辭，勉而不辭，以求合於中庸。小人貪利而苟免，而亦欲以中庸之名私自便也。」（〈中庸論・下〉）君子與小人之中庸，顯然是以「貪不貪利」為分野，如果見利而忘義，要說是中庸之人，蘇軾認為這不是君子的行為。這個說法和孟子所言，如出一轍。孟子曰：「雞鳴而起，孳孳為善者，舜之徒也；雞鳴而起，孳孳為利者，蹠之徒也。欲知舜與蹠之分，無他，利與善之閒也。」（〈盡心・上〉）

　　蘇軾除了提出君子應以「義」行中庸，還提出什麼才是真正的中庸，他說「以中庸之名私自便」就是「鄉愿」，而非中庸。《論語》言：「鄉原，德之賊也。」（〈陽貨〉）一些貌似忠厚，不分善惡、是非的人，為了媚世與人同流合汙，這些不講仁義、不守禮法的人，也就是鄉愿的作為。在蘇軾看來，他們的作為近似中庸，其實是道德的蠹賊。《東坡易傳》：「君子之愛人以德，小

人之愛人以姑息，見德而慍，見姑息而喜，則過矣！」（〈大畜卦〉）以怎樣的態度來愛人，也可以看出一個人是不是君子，是不是違反中庸之道。他還告誡自己「終身不患此災」，可見好惡分明、講求是非，蘇軾將它看成是君子儒的表現。

蘇軾除了在〈中庸論〉闡述他對中庸的看法，其實在其他文章裡也有許多呼應的言詞。《東坡書傳》：「心有邪正，事有是非，正心而求其理，未有不得也。」（〈立政〉）對於事情，必須分是非、明事理，至於如何做到這點？那就是要求「心正」，這也是中庸的中心思想：誠意、正心、修身，然後可以齊家、治國、平天下。

對於君子之正心，他認為其身正，可以知人之不正，而後必須做到「見賢思齊，見不賢而內自反也」。他說：「君子以其身之正，知人之不正，以人之不正，知其身之有所未正也。既以正人，又反以正己。」（〈諸子更相譏議〉）唯有心正、身正，能知道何謂不正，得知其不正，乃在引以為戒，要求自己，使自己成為君子。他不只以此自勉，也常以此讚美友人。在文章中，他以「致誠格物，隱德在人」讚美范鎮（〈賀范端明啟〉）；以「直道不回，貫今昔而不愧；處躬自厚，蹈世俗之所難」讚美杜純（〈答杜侍郎啟〉）[6]；以「論公之德，至於感人心、動天地，巍巍如此，而斷之以二言：曰誠、曰一」讚美司馬光（〈司馬溫公神道碑〉）。他們能致誠格物、處躬自厚，俱是合乎中庸之道的君子，這也是蘇軾心中的君子儒。

蘇軾在文中指出：「以中庸之道，守之以謙抑之心，而行之以體仁之德」（〈問供養三德為善〉）〉，這是帝王之善。《東坡易傳》：「養其正心而待其自勝也，此聖人之功也。」（〈蒙卦〉）對於帝王與聖人，中庸之道、養心的功夫都是不可免的。

6　《蘇軾全集》，請參：http://book100.com/book/book101604.html。

　　君子立志於成聖成賢，也必須存有仁德之心。孟子說：「**君子所以異於人者，以其存心也。君子以仁存心，以禮存心。仁者愛人，有禮者敬人。愛人者人恆愛之，敬人者人恆敬之。**」(〈離婁‧下〉) 以仁存心、以禮存心，可以使君子得到人們的尊敬，但是否是為了留名呢？蘇軾認為：「**夫君子循理而動，理窮而止，應物而作，夫何赫赫名之有哉？**」(〈遺愛亭記〉) 君子窮理致知，應物而作，全然不是為了名聲，而是君子對自己的規範，必須合乎中庸之道。

　　綜上所述，無論是士子或是君王，講仁義、重禮法、道中庸，是他們一致努力的目標。能做到這三者，才可以稱為君子，也才是蘇軾所說的君子儒！

伍、蘇軾「君子」的形象

　　蘇軾一生立身處世，講仁義、重禮法、道中庸，塑造了宋人「君子」的形象。細思他一生在朝為官近四十年，貶謫了三次，人生大起大落，卻能安然度過，他的精神依傍是什麼？不外乎「窮則獨善其身，達則兼善天下」此一理念。《東坡易傳》：「**君子有責於斯世，力能救則救之，……力能正則正之，……既不能救又不能正，則君子不敢辭其辱，以私便其身。**」(〈明夷卦〉) 對於自身，他是有很高的期許的。他期許自己做一個君子，而且是有責任的君子。他又說：「**君子居明夷之世，有責必有以塞之，無責必有以全身而不失其正。**」(〈明夷卦〉) 仕宦之時，有「尊主澤民」的責任，一定全力以赴，達成使命；若無職責，則端正自身，為人楷模，這就是蘇軾形塑自己成為「君子」形象的標準。

　　對於君子的立身處世，面對不同的外在環境，必須有不同的思維。《論語》：「**篤信好學，守死善道，危邦不入，亂邦不居。天**

下有道則見，無道則隱。邦有道，貧且賤焉，恥也；邦無道，富且貴焉，恥也。」（〈泰伯〉）蘇軾依循著篤信好學、守死善道的原則，對於時勢也有「邦有道，則仕；邦無道，則隱」這樣的認知。在責任卸下的時候，韜光養晦，避害遠禍，更重要的是「全身而不失其正」，期待得志之時，可以澤加於民。

他不但以此自勉，也以此勉勵友人。當他被貶謫黃州時，李常寄詩安慰他，表示同情，他說：「吾儕雖老且窮，而道理貫心肝，忠義填骨髓，直須談笑於死生之際，若見僕困窮便相憐，則與不學道者大不相遠矣。」（〈與李公擇二首之二〉）除了表明自己是學道之人，凡事行得正、坐得端，無須同情之外，且在文後也說：「兄雖懷坎壈於時，遇事有可尊主澤民者，便忘軀為之，禍福得喪，付與造物。」（〈與李公擇二首之二〉）與其說這段話是安慰李常，不如說是蘇軾對自己的期許。他了解當有責任在身之時，禍福得喪都必須承擔。由於他凡事能自我負責，所以在各方面都有出色的表現。《宋史》在評論蘇軾時，曾勾勒他北宋儒者的形象：「器識之宏偉，議論之卓絕，文章之雄俊，政事之精明，四者皆能以特立之志為主，而以邁往之氣輔之。故意之所向，言足以達其有為，至於禍患之來，節義足以固其有所，皆志與氣所為也。」（〈蘇軾本傳〉）他曾在〈賈誼論〉裡，提到「才」與「識」的問題，而批評賈誼「志大而量小，才有餘而識不足」，就因為賈誼「趯然有遠舉之志，其後卒以自傷哭泣，至於死絕。」（〈賈誼論〉）在他心裡想的是：「謀之一不見用，安知終不復用也。不知默默以待其變，而自殘至此」（〈賈誼論〉），這與他「有責必有以塞之，無責必有以全身而不失其正」可遙相呼應。君子自重自愛，禍福得喪，皆應隨順形勢，這也是他形塑「君子」的要件之一。

蘇軾所嚮往的，是古代的君子。他歸納出這些君子的特質，是剛毅木訥、正直仁厚、忠恕信義。他說：「古之君子，剛毅正直，

而守之以寬，忠恕仁厚，而發之以義。」（〈上韓太尉書〉）「剛」，指的是自強不息，一個君子應當「莊敬自強」，不能「安肆日偷」，所以他一生都勤學不懈，實現剛毅的特質。「正」指的是正直，他解釋正直是「求之有道，得之有命」，凡事不求於外，只問本心，若不合「義」的標準，則不可取。他說：「守道而忘勢，行義而忘利，修德而忘名，與為不義，雖祿之千乘不顧也。」（〈文與可字說〉）這是蘇軾讚美文與可的話，但他認同這樣的做法，應是不容質疑的。至於忠恕仁厚，他更是貫徹到底。眾所周知，王安石曾派謝景溫構織蘇軾居喪服除，往復販賣私鹽、瓷器等，後雖查無實證，但王安石懼蘇軾為神宗所用，致使蘇軾終神宗之世，未見重用[7]。雖然如此，但在王安石逝世之後，蘇軾仍是給予他肯定，他說：「將有非常之大事，必生希世之異人，使其名高一時，學貫千載。智足以達其道，辯足以行其言。瑰瑋之文，足以藻飾萬物；卓絕之行，足以風動四方。」（〈王安石贈太傅〉）這樣的讚美之詞，不是胸襟偉大、忠厚仁恕的人，是做不到的。由此可見，蘇軾一直以「君子」勉勵自己，事實上，他也做到了。

我們從南宋孝宗文集序對他的讚美，可看出蘇軾一生的行事，獲得了極高的成就：「忠言讜論，立朝大節，一時廷臣，無出其右。放浪嶺海，文不稍衰，力幹造化，元氣淋漓。窮理盡性，貫通天人，山川風雨，草木華實，百千彙狀，可喜可愕。有感於中，一寓於文。」（〈御制文集序〉）對於他的剛毅忠厚，文學才華，都給予極高的肯定。蘇軾選擇了做一個君子，努力修為，展現在政治上，是一位知無不言、言無不盡的忠臣形象；致力於創作，也發揮他極高的才華，一生未嘗稍懈；展現在文學上，是一位全方位創作、開創新局的文學家。北宋文人能像蘇軾這樣器識不凡、多

---

7 參見王文誥《蘇文忠公詩編註集成》卷 6（臺北：學生書局，1987 年 10 月），頁 627。

才多藝的，看來也沒有第二人了！

陸、結語

　　蘇軾生在北宋這個儒、釋、道三教融合的時代，遭逢神宗重用王安石推行新法之際，雖滿腔熱血，想勸諭人主，卻未能施展抱負，以撼動新法的施行。幸好孟子「**窮則獨善其身，達則兼善天下**」（〈盡心‧上〉）的理念，使他在被貶謫的時期，能安然度過。神宗駕崩，他被朝廷委以大任，他也能完成使命、愛民福民，善盡他一生的責任。

　　綜觀他的一生，以君子自許，以君子儒為其目標，日修其德，剛毅正直、忠恕仁厚、忠言讜論，一以孔孟之道為依歸，而獲致忠臣之美名，也算是「自我實現」的最高境界了！何況他的才學俱佳，文章瑰瑋、議論薄發，在北宋朝裡，樹立了文人的榜樣。他思想中的「講仁義」、「重禮法」、「道中庸」，皆可呼應《論語》、《孟子》、《中庸》等儒家經典的說法，尤為可貴的是，他能身體力行，樹立北宋君子儒的典範。

　　《論語》強調君子，認為君子不只是一己的修為，而必須擴充到對百姓的福祉。如：「子路問君子。子曰：『**脩己以敬。**』曰：『**如斯而已乎？**』曰：『**脩己以安人。**』曰：『**如斯而已乎？**』曰：『**脩己以安百姓。脩己以安百姓，堯舜其猶病諸。**』」（〈憲問〉）從自誠明，遇事以敬，到安人、安百姓，是一位君子必須終身奉行的。我們從蘇軾文集中，看到他以仁義做為君子和小人的分野：以禮法必須合乎仁義，才能治國平天下；以中庸不能見利而忘義，自我期許，在在都看出他對「仁義」的重視，因為心存「仁義」就是君子的必要條件。

　　《論語》：「己欲立而立人，己欲達而達人」（〈雍也〉）是施行「仁」的準則，也是君子應有的存心。《論語》曾記載孔子對子產說：「有君子之道四焉：其行己也恭，其事上也敬，其養民也惠，其使民也義。」（〈公冶長〉）蘇軾能掌握儒家的中心思想，予以推廣，因此才能樹立君子儒的形象。

　　千載之下，想見其翩然高歌：「大江東去，浪淘盡千古風流人物」（〈念奴嬌〉），誰能不激揚奮發，立志於做英雄人物？但若時不我與，那麼，蘇軾的「蝸角虛名，蠅頭微利，算來著甚乾忙？事皆前定，誰弱又誰強！」（〈滿庭芳〉）或可以安撫人心吧！

03

蘇軾論孔孟荀學說對後世的影響

摘要

　　蘇軾在文集中，曾論列孔子、孟子和荀子三家的特質，進而論述三家對後世的影響。在〈孔子論〉裡，闡述孔子所以為聖之理；在〈孟子論〉中，言孟子「其道始於至粗，而極於至精」；在〈荀卿論〉，提及荀子「剛愎不遜，而自許太過」，似乎對荀子頗有微詞。本文擬論述蘇軾對三家言論的看法，並著眼於三家對後世的影響，以印證其對儒家思想深信不疑。蘇軾認為孔子之道在於「忠恕」，孟子之道在於「仁義」，而荀子之道在於「禮」。忠與義是律己以愛國，仁與恕是修己以愛人，孔孟之道，平易正直，言論不偏激，惟荀子喜為異說、敢為高論。究竟三家在蘇軾心中地位為何？蘇軾認為三家對後世影響又是什麼？本文引蘇軾對諸家評議，以論述其中心思想，兼論蘇軾儒家思想對他一生的影響。

　　關鍵詞：孔子、孟子、荀子、蘇軾、儒家

壹、前言

　　蘇軾思想源於儒家，是眾所周知的事，然而，蘇軾對於儒家孔子、孟子和荀子學說的看法為何？吾人有必要加以探究。蘇軾在〈韓愈論〉裡提到一段話，「孔子曰：汎愛眾而親人，仁者之為親，則是孔子不兼愛也；祭如在，祭神如神在，神無不在，祭者之心，以為如其存焉，則是孔子不明鬼也。」[1]此處說明孔子學說與墨家的不同。蘇軾認為孔子的「愛」有親疏遠近之別，對於鬼神存在著「敬」，而「愛」與「敬」，正是儒家的要義。蘇軾在〈孔子論〉中，更提及「孔子以羈旅之臣，得政期月，而能舉治世之禮，以律亡國之臣，墮名都、出藏甲，而三家不疑其害己，此必有不言而信，不怒而威者矣。」[2]這裡又提出了「禮」字，來涵蓋孔子的思想。的確，《論語》一書，是切合日用平常的，書中所傳達的，是不偏不倚的中庸思想，而尤為難能可貴的，是提出「忠」與「恕」的概念。

　　若論我國的道統，源之於堯、舜、禹、湯、文、武、周公，至孔子而集大成。堯法天，而以「允厥執中」傳諸舜；舜以「人心惟危，道心惟微，惟精惟一，允執厥中」傳諸禹；禹以至誠，公而忘私，使民安居；周公則內修禮樂，外攘夷狄，奠定統一國家的大業，孔子以誠、仁、中、行，揭櫫華人民族的道統[3]。孟子承繼孔子學說，提出「仁義」之中心思想，使數千年文化得以源遠流長，居功厥偉。荀子論學、論治皆以禮為宗，言聖人必稱孔子，與孟子同門異戶，在諸子之中，與孔門最近。秦漢以來，孟、荀並稱，

---

[1] 郎曄：《經進東坡文集事略》卷 8（臺北：世界書局，1975 年 1 月），頁 111。
[2] 郎曄：《經進東坡文集事略》卷 13（臺北：世界書局，1975 年 1 月），頁 182。
[3] 陳立夫：〈孔子何以被尊稱為萬世師表〉《萬世師表》（臺北：三民書局，1977 年 3 月），頁 63。

良有以也。

孔、孟、荀三家，是文人士子學習的對象，蘇軾何以揚孔孟、抑荀子？吾人為學、論道，又該如何看待三家言論？蘇軾受儒家教化，遵循華人道統，自然有一番抉擇，吾人可從蘇軾的論述中，見出端倪，進而了解這三家思想對後世的影響。

貳、蘇軾論孔子

梁啟超曾言：「孔子教義，其第一作用，在養成人格。……而養成人格之道，莫備於孔子，使人循率之以自淑，無所假於外，此孔子之所以為大為至也。」[4]人格的養成，是教化的第一要義。孔子說：「聖人，吾不得而見之矣，得見君子者，斯可矣！」又說「善人者，吾不得而見之矣，得見有恆者斯可矣！亡而為有，虛而為盈，約而為泰，難乎有恆矣！」（《論語‧述而》）揭示了一個人要成德，一定要不斷的培養恆心，向聖賢之路邁進。

蘇軾在〈安萬民策‧崇教化〉提及「昔武王既克商，散財發粟，使天下知其不貪；禮下賢俊，使天下知其不驕；封先聖之後，使天下知其仁；誅飛廉惡來，使天下知其義，如此則其教化天下之實，固已立矣！」[5]他的主張與孔子如出一轍。蘇軾認為教化百姓，最重要的就是使百姓不貪、不驕，知仁、知義，要有其實，且實先於名，擇其近於人情者先之。換言之，教化百姓必須從便於行者，樹立準式，讓人民能有所遵循。

蘇軾曾言：「孔子之聖，見於行事」，所謂行事，即是一切以

---

4 梁啟超：〈孔子教義實際裨益於今日國民者何在欲昌明之其道何由〉，第 1
  卷第 2 期（上海：大中華雜誌，1915 年 2 月），頁 245－255。
5 郎曄：《經進東坡文集事略》卷 17（臺北：世界書局，1975 年 1 月），頁 254－
  255。

「禮」為依歸。孔子說「君子博學以文，約之以禮，亦可以弗畔矣夫！」（《論語‧雍也》）蘇軾則言「禮義與信，足以成德」，而有「君子以信一天下之惑，使作於中者，必形於外；循其名者，必得其實」[6]。孔子提出君子之德為仁，而後孟子提出義，董仲舒擴展為「仁、義、禮、智、信」為五常，五常是人倫修養的準則，是華人價值體系的核心。蘇軾對於孔子的核心價值，掌握得十分準確。

　　至於成德之道，孔子也曾說：「志於道、據於德、依於仁、游於藝。」（《論語‧述而》）這四者有次第之分，孔子勉勵志士仁人，行道必須持之以恆，日新其德。蘇軾在《論語說》裡，提出了他的看法，他說：

> 大凡物之可求者，求則得，不求則不得。仁義未有不求而得之，亦未有求而不得者，是以知其可求也。故曰：「仁，遠乎哉？我欲仁，斯仁至矣」。富貴有求而不得者，有不求而得者，是以知其不可求也。故曰，富而可求也，雖執鞭之士，吾亦為之。如不可求，從吾所好。……故仁義之可求，富貴之不可求，理之誠然。[7]

求仁得仁，求富貴則不然，蘇軾不以孔子為鄙俗，而認同求仁是可得的。

　　《論語》也提到：「富與貴是人之所欲也，不以其道得之，不處也；貧與賤是人之所惡也，不以其道得之，不去也。君子去仁，惡乎成名？君子無終食之間違仁，造次必於是，顛沛必於是。」（〈里仁〉）孔子強調仁德的重要，也揭示了若干仁者的作為，《論語》提及「仁」者，有「惟仁者，能好人，能惡人」；「苟志於仁矣，無惡矣」；「里仁為美，擇不處仁，焉得智」；「不仁者，不可以久處約，

6　郎曄：《經進東坡文集事略》卷 10（臺北：世界書局，1975 年 1 月），頁 131。
7　《論語說》今已亡佚。見談祖應：《蘇子語典》（武漢：武漢大學出版社，2016 年 8 月），頁 32。

不可以常處樂；仁者安仁，知者利仁」（以上均見《論語·里仁》）這一點蘇軾深以為然。他說：「一言而可以終身行之者，恕也。仁者得之而後仁，智者得之而後智，施於君臣、父子、夫婦、朋友之間，無所適而不可，是飢渴飲食之道也。」（〈張厚之忠甫字說〉）蘇軾把「仁」與「智」比喻成是飢渴飲食之道，足見他也認為心中有「仁」之人，見之於生活日常，而不是什麼虛無高遠的、無法企及的口號。他對孔子「恕」道，有深刻的體悟。「忠」與「恕」是一體兩面，蘇軾一生忠愛國家，對於政敵的打壓也以「恕道」面對，從不施行報復，可說對孔子學說付諸實踐。

除此之外，蘇軾對於孔子提到的「禮」也十分重視。孔子說：「能以禮讓為國乎，何有？不能以禮讓為國，如禮何？」（《論語·里仁》）又說：「道之以政，齊之以刑，民免而無恥；道之以德，齊之以禮，有恥且格」（《論語·為政》）蘇軾從政所秉持的，就是忠君愛民，以禮來教化百姓。孔子說：「君使臣以禮，臣事君以忠」（《論語·八佾》）蘇軾不但躬身實踐，且終其一生，信奉不渝。

蘇軾將「禮」與「仁」視為一體兩面。孔子說：「克己復禮為仁。一日克己復禮，天下歸仁焉。……非禮勿視，非禮勿言，非禮勿聽，非禮勿動。」（《論語·顏淵》）蘇軾也反覆推敲，而說：

> 君子之志於仁，盡力而求之，有不獲焉，退而求之身，莫若自克。自克而反於禮，一日足矣。何也？凡害於仁者盡也，害於仁者盡，則仁不可勝用矣。故曰：「非禮勿視，非禮勿言，非禮勿聽，非禮勿動。」一不如禮，在我者甚微，而民有不得其死者矣。（〈仁說〉）

孔子提出「克己復禮」勉勵讀書人，蘇軾進一步論述這四個字對一般人的重要。不仁且非禮，是禍害的根苗，所以「仁」是核心，而「禮」則是「仁」的行為準則。

　　然而，蘇軾對於儒學是有所發皇的，而不僅止於墨守成規。他對孔子所提的「禮」，認為應與時俱進，推陳出新。蘇軾說：「三代之時，席地而食，是以其器用，各因其所便，而為之高下大小之制；今世之禮，坐於床，而食於床上，是以其器不得不有所變。」（〈禮論〉）可見「禮」到了北宋，本質上雖相同，但在形式上也起變化了。

　　總而言之，蘇軾對於孔子的言行，不但深思熟慮，有所發現，而且深受孔子的影響，親身踐履，表現在為臣時，忠君愛民，勇於任事；為官時，做到「窮則獨善其身，達則兼濟天下」（《孟子·盡心》）的理想，終其一生，信守忠恕、仁義，堪稱孔孟之徒。

參、蘇軾論孟子

　　蘇軾自幼即景仰孟子之為人，且深受唐宋古文家韓愈、歐陽修的影響，以傳授儒家學術思想為己任。他在〈孟軻論〉裡說到：「孟子嘗有言矣，人能充其無欲害人之心，而仁不可勝用也；人能充其無欲為穿窬之心，而義不可勝用也。」孟子此說源自《管子·牧民》：「倉廩實而知禮節，衣食足而知榮辱」，意思是百姓糧倉充足，才能顧及到禮儀，百姓豐衣足食，才重視榮譽和恥辱。孟子因而強調「仁」與「義」的重要性。在蘇軾看來，孟子之道始於至粗，而極於至精，充乎天地，放乎四海，毫釐不差，此所以為孟子也。

　　蘇軾提到孟子「性善說」，出自於子思之書，而子思之書，又都是聖人的微言篤論。蘇軾說：「子思認為聖人之道，造端乎夫婦之所能行，是以天下無不可學，而極乎聖人之所不能知，是以學者不知其所窮。」（〈子思論〉）因此，孟子所謂的性善，源自於子思所言「惻隱足以為仁，而仁不只於惻隱；羞惡足以為義，而義不只於羞惡。」（〈子思論〉）至於蘇軾對性的看法，則擴大孟子的「

性善」，而提出聖人以喜怒哀懼愛惡欲七者，御之而之乎善；小人以是七者，御之而之乎惡，人應駕馭情感，而以「善」為依歸。

孟子的治國之道，主張擴充孔子的教化，使民講仁重義。孔子曰：「君子喻於義，小人喻於利」（《論語・里仁》），孟子進言之：「苟為後義而先利，不奪不饜。未有仁而遺其親者也，未有義而後其君者也。」（《孟子・梁惠王》）仁與義，在孟子看來，是忠孝之本。為人子有仁心，為人臣有義心，必定會尊親忠君，國家因而大治。孟子也說：「為人臣者懷仁義以事其君，為人子者懷仁義以事其父，為人弟者懷仁義以事其兄，是君臣、父子、兄弟去利，懷仁義以相接也。然而不王者，未之有也。」（《孟子・告子》）蘇軾對此，亦有所言說。他說：「今夫民不知信，則不可與久居於安，民不知義，則不可同處於危。平居則欺其吏，而有急則叛其君，此教民之實不至，天下之所以無變者，幸也。」（〈進策別・崇教化〉）說法與孟子如出一轍，認為天下之所以能治，即在於百姓皆有「忠信廉恥之心」，不至於見利而忘義。

蘇軾實行孔孟仁義之說，見之於「忠君愛民」的行事中。孔子說：「君使臣以禮，臣事君以忠」（《論語・八佾》）揭櫫了君臣之道。孟子也說：「君仁莫不仁，君義莫不義。」又說：「君之視臣如手足，則臣視君如腹心；君之視臣如犬馬，則臣視君如國人；君之視臣如土芥，則臣視君如寇讎。」（《孟子・離婁》）君待臣以禮，則臣子沒有不忠心的道理。蘇軾自言一生「道理貫心肝，忠義填骨髓」（〈與李公擇〉），他犯言直諫，以氣節自許，從來不與小人同流合汙。在朝則戮力從公，在野則惠愛百姓，可說把「忠君愛民」奉為圭臬，這難道不是儒家教化所以致之嗎？

當孟子之時，「諸侯放恣，處士橫議，楊朱、墨翟之言盈天下。天下之言，不歸楊，則歸墨」（《孟子・盡心》）為此，孟子說：「楊子取為我，拔一毛而利天下，不為也；墨子兼愛，摩頂放踵利

天下，為之」（《孟子‧盡心》）「楊氏為我，是無君也；墨氏兼愛，是無父也。無父無君，是禽獸也」（《孟子‧滕文公》）因而孟子言：「吾為此懼，閑先聖之道，距楊墨，放淫辭，邪說者不得作。作於其心，害於其事；作於其事，害於其政。聖人復起，不易吾言矣」（《孟子‧滕文公》）孟子提出反對楊墨學說的看法，也揭櫫了「正人心、息邪說、距詖行、放淫辭」的態度。蘇軾在〈孟軻論〉裡，認為孟子其道始於至粗，而極於至精，道理之一乃孟子知王化之本，始於天下之易行，因此倡導父子不相賊，而足以為孝；兄弟不相奪，而足以為悌。同時，孟子了解詩教歌舞佚樂，無所不至，要在不失其正而已，換言之，禮不可廢，義不可失。孟子熟稔春秋大義，深明疑似之際，使孔子之道統而有序，因此蘇軾贊美孟子「深於詩而長於春秋」。綜言之：孟子能力闢邪說，發揚孔子的詩教與君臣大義，是以蘇軾心嚮往之。

　　蘇軾既能追溯孟子思想來自於子思，又能剖析孟子步孔子之後，重詩之禮樂教化，明春秋之微言大義，因此推崇孟子之賢能。孟子主張仁義之說，認為百姓若有仁心、道義，必能對君忠心、為國盡力；蘇軾的看法與孟子一致，因此極言孟子的性善說，正是「仁」與「義」極致的表現。

　　觀蘇軾一生，在朝則事君以忠，在野則愛民如子，正是孔孟的君子之道。蘇軾曾說：「吾儕雖老且窮，而道理貫心肝，忠義填骨髓」（〈與李公擇〉）又說：「雖懷坎壈於時，遇事有可尊主澤民者，便忘軀為之，禍福得喪，付與造物」（〈與李公擇〉）忠君愛民，蘇軾視之為天職，所以終其一生，他把忠孝節義放在心中，也把「仁恕」當成一生奉行的圭臬，這皆起源於他對孔孟之道的拳拳服膺。

　　蘇軾唯一對孟子的「性善論」有一番議論，他認為孟子率先提出「性善」之說，因此引發了荀子的「性惡說」，以至於楊朱又說「人

之性善惡混」，倘若孟子不要提性善之論，那麼，也就沒有其他的性惡或性善惡混的論述了！由此可知，蘇軾對於孟子的思想，仍保有一己的見解。

肆、蘇軾論荀子

如果說蘇軾對孔子、孟子的言論思想，大致上是認同的，只有些微看法的不同，那麼，他對於同屬儒家的荀子，何以頗有微詞呢？我們可以從他的論述看出究竟。蘇軾說：「嘗讀孔子世家，觀其言語文章，循循莫不有規距，不敢放言高論，言必稱先王，然後知聖人憂天下之深也。」（〈荀卿論〉）這是他對孔子的剖析，認為孔子言語平易正直，不敢為非常可喜之論；相反的，荀子的言論「喜為異說而不遜，敢為高論而不顧」，所以他的弟子李斯事秦，也是剛愎不遜，自許太過。在蘇軾看來，荀子歷詆天下賢人，自是其愚，以為古先聖王皆無足法，乃是快一時之論，而沒有考慮後果啊！

蘇軾提到李斯的作為，是奮不顧身，焚六經、烹諸侯、壞井田，這一切就是受他的老師——荀卿的影響。他還特別提出「子思孟軻，世之所謂賢人君子也，荀卿獨曰亂天下者，子思、孟軻也。天下之人，如此之眾也，仁人義士，如此其多也，荀卿獨曰人性惡。桀紂，性也；堯舜，偽也。」（〈荀卿論〉）在蘇軾看來，這就是好為異論，唯恐天下不亂，因此對於荀卿，也認為他開啟了後世的爭端。李斯是荀子的學生，所作所為不能效法聖人，以至於不能如荀子明王道，而以學亂天下，蘇軾認為是荀子沒有做好榜樣，李斯有樣學樣，行事言語都偏異端。

王先謙曾為《荀子集解》作序，他說：「荀子論學、論治，皆以禮為宗，反覆推詳，務明其指趣，為千古修道立教，所莫能外。

」[8]對荀子推崇備至。司馬遷言「荀卿嫉濁世之政,亡國亂君相屬,不遂大道而營於巫祝,信機祥,鄙儒小拘,如莊周等又猾稽亂俗,於是推儒、墨、道德之行事興壞,序列著數萬言而卒。」(《史記‧孟子荀卿列傳》)揚雄以為孟子的「性善」,荀子的「性惡」,其實是同門異戶。荀子以仁義富,以儒術彊,以道德之威,旨意與孟子是相同的。然而學者認為李斯、韓非皆出於荀子之門,因此怪罪荀子,嚴格而論,這也是求全責備。蘇軾在〈韓非論〉裡,對此也提出看法。

蘇軾論法家之所以刻薄寡恩,即在於不行聖人之道。他說:「禮法行政之原,出於君臣上下相忌之際。相愛則有所不忍,相忌則有所不敢。夫不敢與不忍之心合,而後聖人之道,得存乎其中。」(〈韓非論〉)至於韓非等人之作為,認為「父不足愛,而君不足忌。不忌其君,不愛其父,則仁不足以懷,義不足以勸,禮樂不足以化,此四者不足用,而欲置天下於無有。夫無有,豈誠足以治天下哉?商鞅、韓非求為其說而不得,得其所以輕天下,齊萬物之術,是以敢為殘忍而無疑。」(〈韓非論〉)從蘇軾服膺孔孟「仁義道德」之說觀之,他在此反論商鞅、韓非等法家,未能勸忠孝、講道德,只知殺戮天下,對禮法的蔑視才是主因。

荀子與孟子的最大不同,在於孟子主性善,「言必稱先王,行必法聖賢」;荀子則發異說,認為「人性本惡,聖賢多偽」,因此弟子多受其影響,以法治國,以術謀權,將仁義道德棄之於不顧,以至於殘酷少恩,刻薄成性。蘇軾以其結果論之,認為荀子立論未能中正平易,行事過於偏激,影響後世的韓非、李斯,所以頗有微詞。這個說法,也是歷來學者的看法,如王先謙、唐仲友等,王應麟《困學紀聞》則為荀子辯解,而言:「荀卿非十二子,《韓

---

8 王先謙:《荀子集解》序(臺北:藝文印書館,1977 年 2 月),頁 1。

詩外傳》引之，止云十子而無子思、孟子。余謂荀卿非子思、孟子，蓋其門人如韓非、李斯之流，託其師說以毀聖賢，當以韓詩為正。」[9]平情而論，這是有可能的。

根據《四庫全書總目》載錄儒家《荀子》二十卷，提到荀子「明周孔之教，崇禮而勸學，其中最為口實者，莫過於〈非十二子〉及〈性惡〉兩篇。」然荀子並無非十二子之論，非子思、孟子者，蓋其徒李斯等所增。當其時，荀子亦不知子思、孟子後來論定為聖賢，言論之不同，亦無可厚非。至於性惡之說，蓋荀子「恐人恃性善之說，任自然而廢學，因言性不可恃，當勉勵於先王之教。」[10]由此觀之，荀子並非言不稱先王，其論學之源，本之於聖人之道，係孔門之徒，應無疑義。

蘇軾言荀子亂天下、毀聖賢，因此認定他性惡之說，是懷疑聖人的言行；說堯舜為偽，是誤解性的本質，何況他的學說影響了弟子韓非、李斯，他們未能講求仁義道德，使百姓未能得到好的教化，這一切都是荀子的過失。

時至今日，我們將孔、孟、荀三家的學說作一比較，會發現孔子與孟子的學說，的確對人心而言，具有積極向上的意義。荀子勸學，也可以補孔孟言論之不足，尤其他提出的「境教」，更具有重大的意義。荀子言「蓬生麻中，不扶自直……君子居必擇鄰，遊必就士，所以防邪僻而近中正也。」（《荀子‧勸學》）以蘇軾的手不釋卷，好學不厭，正是效法荀子的「學至乎沒而後止」的精神。

在蘇軾〈與王郎書〉裡，敘述蘇軾的用功之勤，而言：「每一書皆作數次讀。書之富，如入海，百貨皆有，人之精力不能兼收盡取，但得其所欲求者爾，故願學者每次作一意求之。」又言：「

9　王先謙：《荀子集解》卷首攷證，同註8，頁915。
10　王先謙：《荀子集解》卷首攷證，同註8，頁18。

每讀一書，精研其義理，探討其奧秘，欣賞其旨趣。」[11]蘇軾之勤學，過於常人，也因此能「三十年所作文字詩句引證經傳，隨問隨答，無一字舛差。」[12]想必對於荀子的勸學，蘇軾是深得其要義的。

綜言之，蘇軾本乎儒家教化，對孔子的「忠恕」與孟子的「仁義」，深信不疑，也認為這是治國之本。對荀子批評子思、孟子，主性惡，他是不以為然的，何況荀子影響到韓非與李斯，而韓非與李斯的作為，他是期期以為不可的。至於荀子的勸學，則為他所用，終其一生，蘇軾未嘗忘學。

伍、結語

蘇軾的政治理想是行仁政，而「仁政」也是儒家的傳統思想。孔子的仁政觀在於「恭、寬、信、敏、惠」，認為「恭則不侮，寬則得眾，信則人任焉，敏則有功，惠則足以使人」（《論語・陽貨》），孔子主張為政首在重教化，省刑罰，薄稅賦，厚施予，蘇軾的仁政思想，也踐履了孔子的仁政觀。他說：「何謂至仁？視臣如手足，視民如赤子，戢兵、省刑、時使、薄斂，行此六事而已矣！」（〈上初即位論治道〉）這是對為政者的要求，也是蘇軾的政治觀。

對於百姓的教化，蘇軾則主張法和倫理觀念的結合。他說：「欲民之愛其身，則莫若使其父子親、兄弟和、妻子相好。夫民仰以事父母，旁以睦兄弟，而俯以恤妻子，則其所賴於生者重，而不忍以其身輕犯法。」（〈進策別・安萬民〉）為政者教化百姓，應使百姓有不忍人之心。基本上，蘇軾以儒家的「仁心仁政」為依歸，

---

[11] 游國琛：《蘇東坡生平及其作品述評》（臺北：臺灣印書館，1982 年 12 月），頁 31。

[12] 胡仔：《苕溪漁隱叢話》卷 42，取自於：https：//sou-yun.cn/ShiHua.aspx?file。

做為勤政愛民的根苗，而這也是他對荀子頗有微詞的原因。

我們從蘇軾對孔子、孟子的言論中，可看出儒家對後世的影響深遠。孔子的「忠恕」、孟子的「仁義」，使為政者心懷人民，使百姓得到倫理教化，這些都有益於群體的治理。至於荀子主性惡，重視「禮」與「法」並重，以至於弟子如韓非、李斯，以刑名法術為手段，未能行仁政，刻薄而寡恩，這是蘇軾無法接受的主因。

平心而論，荀子主性惡，主要提醒人們：莫執著人性本善，而不思作為，而應時時保持警覺心，不斷學習，以適應外在環境的變化，這一點直到今日，仍是一記警鐘，有其時代意義。蘇軾選擇尊孔、孟，是從結果立論，他受儒家薰陶，當然受其影響，知道唯有訴諸於人的良知良能，教化才會成功，因此，他的揚孔、孟，抑荀子，也就不足為奇了！

04

蘇軾詩文對儒家「道」的體認

摘要

　　蘇軾所處的時代，是儒學達到全面開展，且言論自由的時代。當時的理學盛行，講究「明心見性之學，天理人欲之辨」，使得一部分儒者，追求高蹈的理論，失去了在生活中實踐儒道的精神。蘇軾論道，重在日常生活中不斷實踐，且冷靜觀察，他認為保有客觀的態度，才能全面的認識現實。儒家所言的「禮樂仁義」，乃是針對人與人之間應有的應對進退，它並非空疏之學，也並非無稽之談，因此，孔孟之徒若空談性命之學，卻未能踐履，在蘇軾看來，都是脫離現實、無補於世的高論。蘇軾在詩文主張裡，也落實此一論點──有為而作，學以致道。他提出唯有不斷實踐，深入觀察，才能使詩文的創作臻於高妙。蘇軾一生創作不輟，以親身實踐來體現儒家的「道」，具體的掌握了創作不變的法則。蘇軾同時也主張「文如其人」，想要創作好的詩文，道德必須高尚，技巧必須創新，展現儒者「表裡如一，言行一致」的精神。雖然，身為一位全方位的作者，要有對生命深刻的體會，不可能只有一種思維，歷來專研蘇軾學者，也曾提出「佛老思想」對蘇軾早年即有深刻的影響；但是，他的生命主軸，自始至終，一直是儒家思想。本文旨在探究蘇軾如何在詩文創作中，實踐他對儒家「道」的認知，從而帶動北宋古文走向多元自由的道路，為後世樹立學道的真諦。

關鍵詞：蘇軾詩文、禮樂仁義、道與文、詩窮後工、文如其人

壹、前言

　　兩漢儒學，重在訓詁文字、考據名物；唐代一派儒者，則整理經典、統一注疏。宋代倡導文治，學術昌盛，宋初儒學可大別為歐陽修、范仲淹為代表的「經世濟民」和周敦頤、張載、程顥、程頤為代表的「心性之學」[1]。蘇軾承繼歐陽修之學，因此反對理學家空談心性、理學家異於先秦孔孟之內聖外王，且異於漢唐之訓詁注疏，而主張聚焦在生活中實踐儒道。

　　回顧蘇軾所處的時代，宋朝為了強化中央集權制度，確保社會的長治久安，所以重視倫理道德的推廣。他們在具體的措施上，一是尊崇儒家，二是講授儒家經典，三是大量印行儒家典籍。大力推廣的結果，「六經遺旨，孔、孟微言，復明於千載之後，天下學者誦而習之，以《論語》、《孟子》為門，《大學》、《中庸》為準，故其事父則孝，事君則忠，所謂道學者也。」[2]蘇軾踐履之道，即是在宋皇朝極力推動下，北宋士子共同的中心信念。

　　在宋代理學家一片「格物致知」聲中，蘇軾在儒家洗禮下，對於釋、老早已頗有涉獵。蘇軾八歲拜道士張易簡為師，及其年長，讀《莊子》書，喟然嘆息：「吾昔有見於中，口未能言，今見《莊子》，得吾心矣！……後讀釋氏之書，深悟實相，參之孔、老，博辯無礙，浩然不見其涯也。」[3]足見其思想成分中，是兼融各家的。蘇軾〈送參寥詩〉提及：「欲令詩語妙，無厭空與靜。靜故了群動，空故納萬境。閱世走人間，觀身臥雲嶺。鹹酸雜眾好，中

1　參見吳耀玉：《儒學探微——春秋至宋》（臺北：新文豐出版公司，1991 年 7 月初版）第 4 章「宋代儒學」。頁 106。
2　參見真德秀：《西山真文忠公文集》，四部叢刊初編縮本。卷 41。
3　蘇轍：〈亡兄子瞻端明墓誌銘〉，《欒城後集》（上海：上海古籍出版社，1987 年 3 月一版）卷 21，頁 1402。

有至味永。」[4]將佛家「虛靜」的概念融入作詩之法中。雖說如此，但他的底蘊，仍是儒家思想為基調。

先秦儒家認為「格物致知」是道德修為的途徑，但要如何達到發自內心，認識萬物之理，卻未明言。宋代理學家提出了「誦詩書」、「考古今」、「察物情」、「揆人事」的主張[5]，在蘇軾創作詩文時，也深受其影響。他的「學以致道」，即是誦詩書、考古今的體現，而他的「有為而作」即是察物情、揆人事之下的創作。他出入佛老，汲取禪宗「妙悟」與道家「自然」的特色，展現出詩文活潑多元的面貌，這也是理學家對他的一大啟發。

蘇軾在一生中，創作 2700 多首詩，300 多闋詞，這些作品因其學問淵博，閱歷豐富，因而能以敏銳的心眼，洞察生活中的事物，不斷的開拓詩文素材，有著鮮明的個人風格。他的作品可以「真善美」三個字概括，「真」指的是性情的真，「善」指的是品格的善，「美」指的是藝術手法之美[6]。在他的創作生涯中，可說是不斷變化著主題，隨著他一生仕宦的起伏，「**出新意於法度之中，寄妙理於豪放之外**」[7]，展現了他「文如其人」的創作理念。

貳、儒家之「道」

若要論蘇軾如何實踐儒家之「道」，就必須探究儒家「道」之

---

[4] 蘇軾著，王文誥、馮應榴輯註，〈送參寥師〉，《蘇軾詩集》（臺北：學海出版社，1983 年 1 月初版）卷 17，頁 905。

[5] 劉天利：〈宋代理學詩派的形成與發展〉，《孔孟學報》（臺北：中華民國孔孟學會，2013 年 9 月出版），頁 274。

[6] 石聲淮、唐玲玲：《東坡樂府編年箋註》（臺北：華正書局，1993 年 3 月一版），頁 6。

[7] 郎曄：《經進東坡文集事略》（臺北：世界書局，1975 年 1 月再版）卷 60，頁 998。

精義。孔子曾言:「參乎,吾道一以貫之!」[8]這裡所指的道,曾子解釋為「忠恕」二字。追溯其源頭,孔子的思想來自歷代聖哲之言行,並透過一己對現實的觀察,得出了以「仁」為中心的思想。孔子的仁道思想,源自於堯、舜、禹、湯、文、武、周公,《書經》記載:「欽明文思安安,允恭克讓,光被四表,格於上下。」[9],堯之仁德,出於自然,純然至善。又孟子云:「舜之居深山之中,與木石居,與鹿豕遊,其所以異於深山之野人也幾希!及其聞一善言,見一善行,若決江河,沛然莫之能禦也。」[10]孔子祖述堯舜、憲章文武,標舉的正是「仁道」。

　　孔子曾讚美大禹:「菲飲食,而致孝乎鬼神;惡衣服,而致美乎黻冕;卑宮室,而盡力乎溝洫。禹,吾無間然矣!」[11]禹能拯黎民於苦難,奮不顧身,孔子認為他有大仁。湯則以仁伐不仁,施行仁政,受到孟子的讚揚。孟子云:「湯一征,自葛始,東面而征西夷怨,南面而征北狄怨,曰:『奚為後我?』民望之,若大旱之望雲霓也。」禹、湯以「人溺己溺,人飢己飢」的精神,實行仁政,是孔孟之徒效法的對象。

　　繼大禹、商湯之後,孟子曾言:「文王視民如傷,望道而未之見。武王不泄邇,不忘遠。周公思兼三王,以施四事,其有不合者,仰而思之,夜以繼日;幸而得之,坐以待旦。」[12]文王為政以仁,敬老慈幼,禮賢下士,施行德治;武王對於近臣,非但不侮慢,且欽敬之;對於遠臣,則長愛之而不忘之,因此可以使四方

8　朱熹:《四書章句集註》(臺北:大安出版社,2008 年 9 月一版)〈論語集註〉卷 2,頁 96。

9　蔡沉註:《書經集註》(臺北:新陸書局,1975 年出版),引自「堯典」。

10　趙岐註、孫奭疏:《孟子註疏》(臺北:藝文印書館,1981 年元月出版)引自《十三經註疏》。

11　何晏集解、邢昺疏:《論語註疏》(臺北:藝文印書館,1981 年元月出版)引自《十三經註疏》。

12　同註 10,〈離婁〉上。

之臣歸服。周公主政,「承禹之好善言、惡旨酒,湯執中立、賢無方,文王視民如傷,望道而未之見,武王不泄邇、不忘遠」此四事為己任,奠立了德治的四大基柱。孔子即是體認了堯舜之道、文武之仁,以「仁道」建立了儒家的中心思想。

除此之外,孔子也承受先哲智慧的影響,認為身為儒者應有「以天下為己任」的積極態度。他解釋「仁」這個字為「愛人」,且以「舉直錯諸枉,能使枉者直」說明。子夏言「舜有天下,選於眾,舉皋陶,不仁者遠矣;湯有天下,選於眾,舉伊尹,不仁者遠矣。」[13]皋陶、伊尹俱是賢相,勇於任事、敢於承擔,在孔子看來,即是有仁德之心,值得敬佩。太公望言「仁之所在,天下歸之」、「恃德者昌,恃力者亡」,周公「兼夷狄、驅猛獸而百姓寧」、竭智盡忠、制禮作樂,力行仁政,孔子深自嘆服,嘗言:「甚矣!吾衰也,久矣,吾不復夢見周公矣!」[14]他們或以德服人,或以仁征不仁,最終都要使百姓安居樂業,養生送死無憾。其餘如管仲、子產,俱是孔子所謂愛人的仁者[15]。孔子從這些先哲身上,學到了為政者有仁德之心,自然會惠愛百姓、視民如傷。

孟子深諳孔子之仁道,自言承繼堯、舜、禹、湯、文、武、周公、孔子,身處亂世,聖王不作,諸侯放恣,處士橫議,因此欲正人心,息邪說、距詖行、放邪辭。孟子曾言:「三代之得天下也以仁,其失天下也以不仁。國之所以廢興存亡者亦然。」[16]他除了標舉仁之外,也提倡「義」字。他說:「生,亦我所欲也;義,亦我所欲也,二者不可得兼,舍生而取義者也。」[17]又說:「仁,

---

[13] 同註 11,〈顏淵〉。
[14] 同註 11,〈述而〉。
[15] 子曰:「桓公九合諸侯,不以兵車,管仲之力也,如其仁!如其仁!」又,子產不毀鄉校,子曰:「以是觀之,人謂子產不仁,吾不信也。」。
[16] 同註 10。孟子言:「仁也者,人也。合而言之,道也。」此說可相互補充。
[17] 同註 10,〈告子〉上。

人之安宅也；義，人之正路也。」[18]爾後儒者，俱仁義並稱，奠定了儒家的道統觀，同時也開啟了後世的文統說。

先秦兩漢是我國古代文學批評的萌芽階段，諸子百家的論著中，有不少文學主張受到儒家的影響，也深深的影響著後來文學的發展。孔子思想不但注重道德修養，而且強調詩文的教化。他對君子的定義是「文質彬彬，然後君子。」[19]肯定了詩有興、觀、群、怨，可多識於鳥獸草木之名的功能。孟子則提出「以意逆志」、「知人論世」、「養氣知言」等主張，對文學的創作本體有深刻的指引。荀子提出了「明道」、「徵聖」、「宗經」，強調詩文對社會教化功能。這三位儒家的代表者，指出了文學的特色與功能，使得漢代儒學得以發展。

漢初，大力提倡黃老思想，到了漢武帝「罷黜百家，獨尊儒術」，使儒家思想得到了正統的地位。當時，人們統稱學術為「學」或「文學」，而稱文學作品為「文」或「文章」，這使得作品和學術論著漸漸走上分途的道路。漢代學者繼承了先秦儒家的論點，標舉《詩》的教化作用，強調培養道德，「詩」要能「發乎情，止乎禮」，具有「主文譎諫」的功能。因此，詩教「溫柔敦厚」說，也應運而生，在詩的形式上要求委婉含蓄，在詩的內容上要求「美刺比興」，成為漢詩的特色。

揚雄是西漢儒家學派的代表，他主張文學要「明道」、「徵聖」、「宗經」，上繼孟子、荀子，下開劉勰、韓愈等文學主張。在當時，以儒家經典來評價文學作品，合於經典為優，不合者為劣，使得文學「依經立論」蔚為風潮。屈原實現了儒者「**危言以存國，殺身以成仁**」的精神；司馬遷「**不虛美、不隱惡**」，發憤著書，褒貶善惡，同樣是儒家精神的體現，他們也是道統的繼承者。東漢陰

---

[18]　同註 10。孟子此章勉人應居仁由義，不可自暴自棄，否則不能有所作為。
[19]　同註 11，〈雍也〉。

陽五行之說，瀰漫學界，王充極力斥其虛妄，強調文章內容應獨創，反對因襲模擬，且應有益於世道人心，對於後世儒者也具有啟迪之功[20]。

魏晉南北朝是我國純文學發展最盛的時期，此時，「事出於沉思，義歸乎翰藻」是為文的標準。他們重視的是文學形式要「綺縠紛披，宮徵靡曼」，務使「脣吻道會，情靈搖蕩」，這當然是有違儒家傳統思想與教化，因此儒學一度衰微。蘇軾稱許的陶淵明詩，在當時都不能被視為「上品」，僅能置於中品，就可知「藻飾」在當時是如何被看重。一直到唐朝陳子昂提出「興寄」乃詩的真生命，韓愈提倡古文，主張「以文為教」，儒家的「道」才恢復其正統的地位。

韓愈力主「聖人之道不用文則已，用則必尚其能者。能者非他，能自樹立，不因循者是也。」[21]他把「道」明確地解釋為正統的儒家的治人修己之道，同時，韓愈不遺餘力地甚至冒著生命危險抵排異端，攘斥佛老，以捍衛儒家的正統地位[22]。韓愈在〈原道〉一文，說明了他所遵循的「道」：「吾所謂道也，非向所謂老與佛之道也。堯以是傳之舜，舜以是傳之禹，禹以是傳之湯，湯以是傳之文武周公，文武周公傳之孔子，孔子傳之孟軻；軻之死，不得其傳焉。」[23]由此觀之，韓愈以儒家信徒自居，且一心一意要傳揚儒家之道，將文道合一，確立了「道」在文學的地位。

在這裡，值得我們重視的是：韓愈提出了他主張的道，不是

---

[20] 劉大杰：《中國文學批評史》（臺北：文匯堂，1985 年 11 月出版）。

[21] 司馬伯校註：《韓昌黎文集》〈答劉正夫書〉（臺北：華正書局，1986 年 10 月初版），頁 121－122。

[22] 石東升：〈韓愈、柳宗元古文理論及其異同辨析〉，搜尋日期：2014.10.12。網址：http://wenku.baidu.com/view/c5b82708a8956bec0975e389.html?re=view。

[23] 同註 21，〈原道〉，頁 10。

佛家的「道」，不是老莊的「道」，而是繼孔、孟之後的「儒道」。蘇軾曾在〈潮州韓文公廟碑〉一文中，讚美韓愈「文起八代之衰，道濟天下之溺，忠犯人主之怒，而勇奪三軍之帥。」[24]，韓愈的主張，即是唐宋兩代士子承繼儒家思想的體現。

宋初古文運動，主張明道與宗唐，唐人主文以貫道，宋人主文以載道[25]。韓愈言有道而能文，歐陽修則言充道以為文。歐陽修曾言：「學者當師經，師經必先求其意，意得則心定，心定則道純，道純則充於中者實，中充實則發為文者輝光，施於事者果毅。」[26]欲文章輝光，必須充實內在，充實內在無如學道，因此他又說：「君子之所學也，言以載事，而文以飾言。事信言文，乃能表現於後世。《詩》、《書》、《易》、《春秋》，皆善載事而尤文者，故其傳尤遠。」[27]此一說法，也深深的影響蘇軾。蘇軾言：「道可致而不可求。」進言之，何謂「致」，孔子曰：「百工居肆以成其事者，君子學以致其道，莫之求而自至，斯以為致也。」[28]蘇軾主學以致道，此一理念與歐陽修無異，他們所謂的道，也就是孔、孟以降，韓愈所傳之道。

參、蘇軾詩文之「道」

蘇軾起於宋仁宗朝，恰巧是宋代詩文運動大力開展之時。宋代文壇在此時以「經世致用」為文學創作和文學理論的主流，一

---

24 同註 7，卷 55，頁 878。
25 文史哲出版社：《中國文學批評史》（臺北：文史哲出版社，1982 年 9 月再版）。
26 歐陽修：《歐陽修全集》〈答祖擇之書〉（北京：中華書局，2009 年 1 月第 2 刷），卷 69，頁 1010。
27 同註 26，卷 67。
28 同註 7，卷 57，頁 931－932。

反宋初粉飾太平、君臣唱和的虛靡文風。仁宗朝以策論代替詩賦取士，大大改變了宋初粉飾雕琢的詩文創作，而造成了古文的抬頭。策論重在敘事議論，除通經明道之外，還需了解現實的政治社會。當時主導文壇的，正是拔擢蘇軾的歐陽修。蘇軾在歐陽修所倡導的古文理論下，不但深自折服，且身體力行，實踐其古文理論。

　　五代以來柔弱的文風，一直是宋人急欲改革的。歷經范仲淹的標舉改革，蘇舜欽、歐陽修以時事入文，主張以敘事為主，力求道以致文。蘇軾曾言：

> 宋興七十餘年，民不知兵，富而教之，至天聖、景祐極矣，而詩文終有愧於古，士亦因陋守舊，論卑而氣弱。自歐陽子出，天下爭自濯磨，以通經學古為高，以救時行道為賢，以犯言納諫為忠。至嘉祐末，號稱多士，歐陽子之功為多。29

可知當時對於通經學古、救時行道的重視。當然，文學創作須「有為而作」也就不在話下了！

　　對於文學創作的看法，蘇軾認為是「舉凡耳目之所接，雜然有觸於胸中，而發於詠嘆。」因此他提及「凡昔之為文者，非能為之為工，乃不能不為之為工也。蓋情發乎中，形之於言，聖人有所不能自已而作也。」30他尤其贊同有為而作之文，他讚美鳧繹先生文集，說「先生之詩文，皆有為而作，精悍確苦，言必中當世之過，鑿鑿乎如五穀必可以療飢，斷斷乎如藥石必可以伐病。其游談以為高，枝詞以為觀美者，先生無一言焉。」31蘇軾為文，也常以此做為標準。蘇軾循父親蘇洵「大究六經、百家之說，以

29　同註7，卷56，頁905。
30　同註7，卷56，頁922。
31　同註7，卷56，頁911。

考質古今治亂成敗，出處聖賢窮達之際，得其粹精，涵畜充溢。」[32]之說，創作詩文以合於時用，俾補當世為度。

蘇軾以孔孟之徒自許，在提到道術一詞時，曾言：「自漢以來，道術不出於孔氏，而亂天下者多矣。晉以老莊亡，梁以佛亡，莫或正之，五百年後而後得韓愈，學者以愈配孟子，蓋庶幾焉。愈之後三百餘年而後得歐陽子，其學推韓愈、孟子，以達於孔氏，蓋禮樂仁義之實，以合於大道。」[33]在蘇軾心中，歐陽修是繼韓愈之後，能闡明道術的人，而自己所承繼的，即是此一脈相承的「道」。

他將文與道之間用「學」串聯起來，而言「北方之勇者，問於沒人，而求其所以沒，以其言而試之河，未有不溺者也。故凡不學而務求於道，皆北方之學沒者也。」[34]唯有透過學文以致道，才能闡明儒家之道，使道術傳揚於當世。在蘇軾看來，學者不必以文章自名，若能忠義在心，自然斐然成章。他舉諸葛亮為例，云：「諸葛孔明不以文章自名，而開物成務之姿，綜練名實之意，自見於言語。」[35]不唯如此，他在〈范文正公集敘〉裡，也讚美范仲淹：「其於仁義禮樂，忠信孝悌，蓋如飢渴之於飲食，欲須臾忘而不可得，如火之熱，如水之濕。蓋其天性有不得不然者，雖弄翰戲語，率然而作，必歸於此。」[36]篇末並引孔子「有德者必有言」，進言之：「非有言也，德之發於口者也。」學者若能行孔孟之道，自然有言，自然成文。

他主張學道以為文，而文只要「辭達」即可。〈答謝民師書〉言：

---

[32] 同註 26，〈故霸州文安縣主簿蘇君墓誌銘〉，卷 35，頁 512。
[33] 同註 7，卷 56，頁 905。
[34] 同註 7，卷 57，頁 932。
[35] 同註 28。
[36] 同註 7，卷 56，頁 908。

> 孔子曰：「言之不文，行而不遠。」又曰「辭達而已矣。」
> 夫言止於達意，即疑若不文，是大不然。求物之妙，如繫
> 風捕影，能使事物了然於心者，蓋千萬人而不一遇也，而
> 況能使了然於口與手者乎？是之謂辭達。辭至於能達，則
> 文不可勝用矣！[37]

所以蘇軾為文，首重學道，次重辭達，他認為若要文章寫得好，捨此二端末由。

至於為詩亦然。他在〈王定國詩敘〉裡言：「古今詩人眾矣，而杜子美為首，豈非以流落飢寒，終身不用，而一飯未嘗忘君也歟！」杜甫詩所以寫得好，乃因感傷時事，情不忘君，在蘇軾眼中，杜甫深得孔孟忠義精髓，因此詩作自然感動人心。同時，他也曾李杜並提，而言：「李太白、杜子美，以英瑋絕世之姿，凌跨百代，古今詩人盡廢。」[38]在當時，李杜優劣是眾人爭論不休的議題，蘇軾此言一出，李杜齊名遂為定論。

至於其他詩人，他也詳述在〈書黃子思詩集後〉，而言：「蘇李之天成，曹劉之自得，陶謝之超然，蓋亦至矣！」他欣賞的詩人，似乎都具備「辭達」的特色，都能以清新自然的詩筆，展現出一己的詩風。他還提到：「李杜之後，詩人繼作，雖間有遠韻，而才不逮意，獨韋應物、柳宗元，發纖穠於簡古，寄至味於澹泊，非餘子所及也。」[39]這又進一步的提出了為詩必須力求「深遠閒淡」，而要能做到「發纖穠於簡古，寄至味於澹泊」，又非融入佛老的「虛靜」不可！

蘇軾在作詩、為文之際，除了本乎詩文應有教化的基本信念外，其實對於詩與文的創作標準是有分野的。創作古文時，他重

---

[37] 同註 7，卷 46，頁 780。
[38] 同註 7，卷 60，頁 999。
[39] 同註 38。

視的是心中有禮樂仁義，自然有言，不必文而自能文；創作詩什
時，他重視的是率意而造，筆淡意遠。《六一詩話》載梅聖俞曰：
「詩家雖率意，而造語亦難。若意新語工，得前人未道也，斯為
善也。必能狀難寫之景，如在目前；舍不盡之意，見於言外，然
後為至矣！」[40]蘇軾對於「意新語工」深有體會，他曾言「精能之
至，反造疏淡」，即是此意。

　　《竹坡詩話》言蘇軾嘗有書與其姪云：「大凡為文當使氣象崢
嶸，五色絢爛，漸老漸熟，乃造平淡。」[41]這裡所指，也可是作詩
之法。蘇軾為文，常行於所當行，止於不能不止，認為有德者自
能有言，故學者平日應累積才學，才德兼備，文章自盛。至於作
詩，則力主「詩窮而後工」，這裡的工，即是意新語工，此意與「讀
書破萬卷，下筆如有神」有異曲同工之妙。

　　文學史上常以蘇軾寄方外人士之詩，言蘇軾詩有禪味，說他
的詩風近於議論，而論詩卻與嚴羽尚禪悟相近，這實在是誤解蘇
軾的立場。如〈送參寥詩〉：「欲令詩語妙，無厭空且靜，靜故了
群動，空故納萬境。閱世走人間，觀身臥雲嶺。鹹酸雜眾好，中
有至味永。詩法不相妨，此語常更請。」然觀此詩末二句，談到
「詩法不相妨」，可見全詩乃言詩、禪之間不妨相參，所述對象乃
是參寥。其實，蘇軾自言「出新意於法度之中，寄妙理於豪放之
外」[42]這兩句話，適足以說明他作詩的主張。

　　詩要做到出新意、寄妙理，必須能點石成金、化腐朽為神奇。
蘇軾曾說「街談市語，皆可入詩，但要人鎔化耳。」[43]如何方能鎔
化呢？《彥周詩話》載蘇軾〈送安惇落第詩〉云：「故書不厭百回

---

[40] 何文煥編訂：《歷代詩話・六一詩話》（臺北：藝文印書館，1983 年 6 月 4
　　版），頁 158。
[41] 同註 40。《歷代詩話・竹坡詩話》，頁 202。
[42] 同註 7，卷 60，頁 998。
[43] 同註 40，頁 206。

讀，熟讀深思子自知。」可見詩文之法無他，潛心研閱，用心苦讀，待腹有詩書，自能推陳出新。因此，蘇軾教人作詩，要「熟讀毛詩、〈國風〉與《離騷》，曲折盡在是矣。」[44]也就可以理解了。

由以上論述得知：蘇軾對於詩與文兩者，中心思想仍是一致的，那即是「有為而作，文以致道」。至於若遇到寫詩的對象不同，他也會因對方的身分做轉換，彼此唱和，展現才學。然而，蘇軾是如何在詩文中實踐儒家的道呢？

肆、蘇軾詩文對道的實踐

蘇軾在〈上韓太尉書〉中，提到孔子所言的君子之道，而言：「古之君子，剛毅正直，而守之以寬；忠恕仁厚，而發之以義。故其在朝廷，則士大夫皆自洗濯磨淬，戮力於王事，而不敢為非常可怪之行，此三代王政之所由興也。」[45]此即是蘇軾一生仕宦所秉持的儒家思想。蘇軾自二十四歲為官，至六十五歲致仕，四十年間，對儒家思想的實踐未嘗改變。他死守善道，情不忘君，「用之則行，舍之則藏」，完全是儒家教化的表現，體現在詩文中，仍是此一特色的展現。

屢遭貶謫的蘇軾，被認為有佛家的「出世」與道家的「遁世」觀，乃由於他的詩中經常有「世事一場大夢」的消極思想。當他面對苦難時，往往會有「吾身如寄」與「人生如夢」的感嘆，以至於焚香靜坐、心齋坐忘，都被視為他將儒、釋、道融於一爐的表徵；然而，不同於一般人的遁入，他往往能從悲情中超越，再回歸到「但願人長久，千里共嬋娟」的積極思維。

---

[44] 同註 40，頁 227。
[45] 同註 7，卷 42，頁 735。

　　蘇軾論文，既言文以致道，又以「辭達」乃為文的根基，因此往往不假雕琢，自言「長於草野，不學時文，詞語甚樸，無所藻飾。」[46]他早年所私下欽慕的，是陸宣公奏議。在〈答俞括書〉，他說明平日如何實踐「文以致道」之法，而云：「家有宣公奏議善本，頃侍講讀，繕寫奏御，區區之忠，自謂庶幾於孟軻之敬王，且欲舉天下家藏此方，人挾此術，以待世之病者，此仁人君子至情也。」[47]這是在他提及「辭達」之後的一段論述。可見若要做到辭達，需反覆熟讀陸宣公奏議，如此必能使文詞大進。蘇軾不但親自繕寫，而且勉人亦能效此，因為能合乎「濟世之實用」。

　　及其長也，蘇軾出入經史，博覽群籍，自言「某平生無快意事，惟作文章，意之所到，則筆力曲折，無不盡意，自謂世間樂事無踰此者。」[48]意到筆隨，乃是日積月累的功夫。他力主學以致道，並終其一生實踐自己的理念，而達到優游自得的狀態。

　　除此之外，他也提出了學以致道的具體做法。他說：「博觀而約取，如富人之築大第，儲其材用，既足，而後成之，然後為得。」[49]在〈篔簹谷偃竹記〉一文中，蘇軾提到文與可教他畫竹，必須「先得成竹於胸中，執筆熟視，乃見其所欲畫者，即起從之，振筆直遂，以追其所見，如兔起鶻落，少縱則逝。」[50]但蘇軾心識其然，而不能然，內外不一，心手不相應，蘇軾將它歸因於「不學之過」。因此，它也提出「仔細觀察，親身體驗」的重要，並身體力行。

　　他在〈傳神記〉裡，寫「傳神之難在目」，可謂一語中的。他說「傳神與相一道，欲得其神之天，法當於陰中察之。」[51]凡人情

46　同註 7，卷 41，頁 717。
47　同註 7，卷 47，頁 798。
48　見何薳《春渚紀聞》，卷 6，《欽定四庫全書》。
49　同註 7，卷 47，頁 799。
50　同註 7，卷 49，頁 813。
51　同註 7，卷 53，頁 858。

義理、書畫物情,仔細體察,都能得其精髓。因此他在寫詩時,也善用此理。《彥周詩話》言「寫生之句,取其形似,故詞多迂弱。趙昌畫黃蜀葵,東坡作詩云:『檀心紫成暈,翠葉森有芒』,揣模刻骨,造語壯麗,後世莫及。」[52]此即是肯定蘇軾不但提出「仔細觀察」的重要,且親自創作,以印證其理論。

至於詩在道的親身體驗,則見於蘇軾的「詩窮後工說」。這句話本出於歐陽修的〈梅聖俞詩集序〉:「世謂詩人少達而多窮,夫豈然哉?蓋世所傳詩者,多出於古窮人之辭也,⋯⋯蓋愈窮則愈工。然則非詩之能窮人,殆窮者而後工也。」[53]蘇軾在〈答錢濟明書〉之一,也提到「知詩人窮而後工」,顯然也認同此一說法。他在〈答陳師仲書〉提到:「詩能窮人,所從來尚矣,而於軾特甚。」[54]又說:「至於文人,其窮也固宜。勞心以耗神,盛氣以忤物,未老而先衰,無惡而得罪,鮮不以文也。」[55]因此,在蘇軾心中,死生窮達,皆是天意,詩文窮而後工,亦自然之理。不唯如此,且他親身體驗後,更加深此一信念。

《東坡志林》曾記載:

> 頃歲孫莘老識歐陽文忠公,嘗乘間以文字問之,云:「無它術,唯勤讀書而多為之,自工。世人患作文字少,又懶讀書,每一篇出,即求過人,如此少有至者。疵病不必待人指擿,多作自能見之。」此公以其嘗試者告人,故尤有味。[56]

蘇軾記此事,且牢記此法,因此以讀書做為積學儲寶的途徑,且

---

[52] 同註 40,《歷代詩話・彥周詩話》,頁 226。
[53] 同註 26,〈梅聖俞詩集序〉,卷 43,頁 611。
[54] 同註 7,卷 45,頁 775。
[55] 同註 7,卷 56,頁 918。
[56] 蘇軾著,劉文忠評註:《東坡志林》(北京:中華書局,2014 年 5 月第六刷),頁 43。

終身奉行。

　　蘇軾作詩之法，自言效法前人。他在作詩頌時云：「字字覓奇險，節節累枝葉。咬嚼三十年，轉更無相涉。」創新來自於實學，實學之後自能創新，這是他為學作文一貫的體會。他又說：「衝口出常言，法度法前軌。人言非妙處，妙處在於是。」[57]效法前人為詩的法則，不斷的琢磨其意，在為文作詩時自能得其妙旨。他在〈次舊韻贈清涼長老〉詩中說：「安心有道顏常好，遇物無情句法新」[58]，也充分說明對詩歌創作的實際做法。

　　蘇軾既以孔孟、韓愈為效法的對象，當然對文品與詩品之間的關係，也有獨到的見解。他屢次在詩文中，提到為人與文章的關係。在〈上梅直講書〉裡，說道「讀其文詞，想見其為人」[59]，〈樂全先生文集敘〉裡，他提到張方平「自少出仕，至老而歸，未嘗以言徇物，以色假人。雖對人主，必同而後言。毀譽不動，得喪若一，真孔子所謂大臣以道事君者。」而後提到他的詩文「皆清遠雄麗，讀者可以想見其為人。」[60]像這樣的言論，屢見於蘇軾的文章中，如〈王定國詩集敘〉言其嶺外詩「清平豐融，藹然有治世之音，其言與志得道行者無異。」[61]在在說明他「文如其人」的理念。

　　因為蘇軾有這樣的體認，因此他在〈潮州韓文公廟碑〉中，極力的讚美韓愈「自東漢已來，道喪文弊，異端並起，……獨韓文公起布衣，天下靡然從公，復歸於正。」[62]，讚美其文與道，如出一轍，故能血食百世。他也認為歐陽修「其學推韓愈、孟子，

---

[57] 同註 38。
[58] 同註 4，卷 45，頁 2456。
[59] 同註 7，卷 41，頁 720。
[60] 同註 7，卷 56，頁 909－910。
[61] 同註 7，卷 56，頁 916。
[62] 同註 7，卷 55，頁 878。

以達於孔氏，蓋禮樂仁義之實，以合於大道。」言其「論大道似韓愈，論事似陸贄，記事似司馬遷，詩賦似李白。」[63]歐陽修提倡禮樂仁義，其文有道，是故受到蘇軾的贊譽。

綜論上述，蘇軾詩文中的道，是為文的根本，一個君子能修養德性，倡行仁義，文章自然具有可讀性。然要達到「辭達」的標準，卻不能不從「學習」入手，「讀書千遍，其意自現」，蘇軾一生手不釋卷，勤於學習，以至於為文如萬斛泉源，不絕於口。他也相信「詩窮而後工」，因此面對無情打擊時，他體察物情，化為詩文，而能有千古名篇，例如〈六月二十夜渡海〉：「雲散月明誰點綴？天容海色本澄清。」[64]他始終相信「文如其人」，因而在為他人寫詩集敘時，總先提及為人的風格，方才提及其人詩風。文與道，對他而言一樣重要，他既重視文章的內容，也重視詩文的形式，無怪乎能做到觀察入微，推陳出新。

伍、結語

本文探討蘇軾所言之道，係得自於堯舜禹湯、文武周公、孔子孟子、韓愈歐公的儒家之道。它是宋代士子的中心思想，也是宋代文人的文章內涵。在蘇軾看來，學以致道，養天地之正氣，倡禮樂與仁義，充實內在，則所言自然合乎道。他所認為的道，不是空談理論的性命之學，不是二程夫子的「文以載道」，也不是「佛老之道」，而是透過日常生活觀察的體物之道。「凡物皆有可觀焉，苟有可觀，皆有可樂。」[65]他將文章內容設定在多學、多寫，自然如精金美玉，使人百讀不厭。

---

63 同註 7，卷 56，頁 904。
64 同註 4，頁 2366。
65 同註 7，卷 50，頁 829。

從另一方面而言，他也重視文章的形式鍛鍊，「胸有成竹」是創作的泉源。效法前賢的創作方式，反複的練習，且不斷的修改自己的作品，就能使詩文「越老越熟」、「氣象崢嶸，五色絢爛」。他在〈題沈君琴〉詩言：「若言琴上有琴聲，放在匣中何不鳴？若言聲在指頭上，何不於君指上聽？」[66]恰巧說明了文章的形式與內容同等的重要。只有學問，卻無法達意，那是文學形式的琢磨功夫不到。他要人從生活事物中體察物情、描摹形神，形之於文字自然可以動人。這樣的文學主張，在宋代一片文以載道的聲浪中，是饒富創見的。

蘇軾不但提出自己詩文創作的體會，更親自以創作實踐自己的理論。觀其一生，雖偶在失意時，參禪學佛、遁入老莊，但始終不忘情於家國，思以所學報效朝廷。他以儒家思想處世，「用之則行，舍之則藏」，此一理念貫串他的詩文中。以他的天縱英才，率爾為文，自有可觀，然他深信「詩文窮而後工」的道理，終生創作不輟，體物入微，形神兼備，因此往往能「意在言外」、「意新語工」。觀其所為文，「常行於所當行，止於不能不止」，議論英爽，琅琅上口；觀其所為詩，則氣勢豪放，邁往無餘，也充分展現其才學，可見其創作理論是可以踐履的。

趙翼《甌北詩話》言：

> 以文為詩，自昌黎始，至東坡益大放厥詞，別開生面，成一代之大觀。今試平心讀之，大概才思橫溢，觸處生春，胸中書卷繁富，又足以供其左旋右抽，無不如志。其尤不可及者，天生健筆一枝，爽如哀梨，快如幷剪，有必達之隱，無難顯之情，此所以繼李、杜後一大家也。[67]

---

66 同註 4，頁 2535。
67 趙翼：《甌北詩話》（臺北：木鐸出版社，1982 年 4 月初版），頁 56。

經本文探究，蘇軾詩文所以無不如志，在於出入經史，遍及諸子，是以才思過人，信手拈來，皆有可觀。至於何以天生健筆一枝，實乃熟讀古人書，體察物理人情所致。吾人若欲從事詩文創作，捨學莫由！

　　蘇軾「文如其人」說，也給我們一個很重要的啟示：我們想要寫出好文章，就先成為一個有德的君子。平日的修為、讀書，缺一不可，那是文章內容佳、文筆好的基本功。若我們不能創作，那一定是「不學」之過，君子欲建立功業，立德立言，就從「勤學」開始。

05

東坡禪美學思想探源

摘要

　　東坡詩詞中有許多富有禪意的詩，蘊含著他的美學思想。東坡參禪，起自何時？因何因緣，以禪入詩？何以東坡禪詩具有美的意涵，令人回味無窮？我們當如何汲取東坡禪美學的精髓，豐富精神生活？這些是本文想探討的重點。追溯東坡的禪美學，來自於陶淵明、韋應物、柳宗元、白居易等人的啟迪，同時，東坡個人人品、胸襟、氣質也不無相關，他的禪詩反映他的全人格，與眾不同。他作詩主張「深遠閒淡」、「辭達」，要做到這兩者，必須透過佛老的「虛靜」，此即本文所欲論述的「禪意美」。東坡的禪學觀，南宗慧能所主的「自心即佛心」，參禪悟道，靜觀以體道。採取禪宗心靈觀照式的直覺體驗，一方面能神與物交，天機湊泊；另一方面凝神不釋，「身與物化」。東坡主張書畫應「形神兼備」、「天工清新」，即是「禪美學」的實踐。道家的養生與佛家禪宗的根苗，是東坡在困頓時的慰藉。東坡仕宦浮沉，從陶淵明以及唐代的韋應物、柳宗元等人，悟出了創作之道，「發纖穠於簡古，寄至味於澹泊」，至此與佛家的禪宗一拍即合，作為詩畫審美的入門途徑。本文究其禪美學的內因、外緣，發現蘇東坡將詩文理論與禪學用語做了巧妙的結合，提出了「反常合道」、「奪胎換骨」、「句有詩眼」、「以意逆志」等，也為後世開啟了另一宗法——江西詩派。

關鍵詞：東坡詩詞、禪宗、禪美學、美學思想

壹、前言

　　歷來研究東坡者，對於他一系列具有禪學思想的詩詞定不陌生。「橫看成嶺側成峰，遠近高低皆不同」、「若言琴上有琴聲，放在匣中何不鳴」，值得我們回味與探索。東坡參禪，起自何時？因何因緣，以禪入詩？何以東坡禪詩具有美的意涵，令人回味無窮？我們當如何汲取東坡禪美學的精髓，豐富精神生活？這些是本文想探討的主軸。

　　東坡的禪學觀，標榜南宗慧能所主的「自心即佛心」，參禪悟道，靜觀以體道。由於他贊同老莊玄學的靜觀以體道，因此對於慧能所言的「於念而不念」[1]也能全盤接受，發展出禪意乃是親證本自心性或佛性的直觀感悟。在藝術表現上，他主張「靜故了群動，空故納萬境」、「詩畫本一律，天工與清新」，這就是禪美學的基本精神。

　　東坡從前賢王維的身上，看出了文人畫與畫工的不同，「摩詰得之於象外，有如仙鶴謝籠樊」，此後他與高僧談禪論道，全不脫「寓意於物，而不留於物」的中心思想。此一理論應用在美學上，即是「山石樹木，水波煙雲，雖無常形，而有常理」。他採取禪宗心靈觀照式的直覺體驗，一方面能神與物交：「天機之所合，猶如造化生萬物一樣」；另一方面凝神不釋，「身與物化」，將藝術物象的構成過程，自然而然的成為作者人品、胸襟、氣質等，以至於是全人格的自我寫照[2]。

　　追溯東坡的禪美學，與陶淵明、韋應物、柳宗元、白居易等

---

[1] 見於《壇經校釋》：當起般若觀照「剎那間」妄念俱滅…，一悟即知佛也。
[2] 參見龔鋼〈南宗禪學與北宋文人畫的緣起〉，其中梳理蘇軾「禪意觀與文人畫的藝術構思」，有助吾人瞭解「禪美學」的底蘊。

人均有關聯，因此本文擬從東坡禪學思想探源，找出他禪詩中的思想底蘊，以及他思想美學成形的緣由，以助於後學者一窺究竟。

貳、東坡禪意美溯源

東坡所作詩文，主張「辭達」，他曾說：「言止於達意」而提出「求物之妙，如繫風捕影，能使事物了然於心者，蓋千萬人不一遇也」，因此，「辭至而能達，則文不可勝用也。」[3]他又說：「李杜之後，詩人繼作，雖間有遠韻，而才不逮意，獨韋應物、柳宗元，發纖穠於簡古，寄至味於澹泊，非餘子所及也。」[4]對於詩，他主張的是「深遠閒淡」。要做到「辭達」、「深遠閒淡」，必須透過佛老的「虛靜」，此即本文所欲論述的「禪意美」。

若論東坡禪意美的由來，我們可以從王文誥在《蘇文忠公詩編註集成‧序》的一段話，看出端倪，他說東坡遷儋州以後：

> 惟肆意乎陶，陶家弊遊走，自量必遺俗患，俛仰辭世，而公早不自覺，嬰犯世難，意甚愧之，復有〈園田〉、〈下潠〉之思，〈影〉、〈形〉、〈神釋〉之寄。蓋其託為諷諫，原欲有補君國，而天性樂易，怨無自生，故能以陶自廣，全其晚節。[5]

這段話指出了東坡對於陶淵明嚮往之情，也指出了東坡所以能夠自全，乃源於天性「樂易」，而這樂易的天性緣何而來？來自於東坡的佛教禪修。

---

[3] 見郎曄《經進東坡文集事略》（臺北：世界書局，1975 年 1 月），卷 46，頁 780。

[4] 同註 3，卷 60，頁 999。

[5] 見王文誥《蘇文忠公詩編註集成總案‧序》（臺北：學生書局，1979 年 8 月），頁 27。

　　禪的本意是「靜慮」，是以「靜止的心」作思惟，後世則以「禪」做為詩畫審美的入門途徑。回顧禪宗的發展，分小乘禪宗與大乘禪宗[6]，北宋時，大乘禪宗以「不立文字」、「機鋒逗趣」的方式，做為參禪的內涵，以實踐傳法，而從事禪宗詩歌研究者，則以闡發詩中美感為主，他們認為禪的語言隨個人修持體悟境界的差異，而有不同的展現[7]。東坡早期詩多奔放、諷諭，自「烏臺詩案」被貶到了黃州，潛心佛老，始轉為沉潛內斂，而此時也正是東坡詩風的唯美期。

　　東坡對於佛家禪的修持，在黃州時期達到顛峰，而黃州詩詞之所以成為東坡的代表，與禪意美學也脫離不了關係。東坡貶到黃州以後，寓居定惠院，「閉門卻掃，雖僧蔬食，暇則往村寺沐浴，及尋溪傍谷，釣魚採藥以自娛。」[8]且「日往安國寺，深自省察，則物我相忘，身心皆空，求罪垢所從生而不可得。一念清淨，污染自落，表裡翛然，無所附麗。」[9]親近佛法，當然也接收了禪宗的機鋒。他的和陶詩，始於黃州。其弟子由曾云:「自其斥居東坡，其學日進，沛然如川之方至，其詩比李太白、杜子美有餘，遂與淵明比。」[10]這期間，他深自觀省三十年來，取妍於人，大抵皆非，

---

[6]　漢桓帝時，安世高從西北印度來到洛陽，便譯出宣說坐禪方法的《禪行法想經》等，是小乘宗的代表。到後秦之際，鳩摩羅什譯出了《坐禪三昧經》；東晉之世，北印度出身的佛陀跋陀羅（覺賢），在廬山譯出了《達摩多羅經》，是為大乘禪。北魏孝文帝（西元 471～499 年），從印度迎取了佛陀禪師，在洛陽之東，為建嵩山少林寺，及至菩提達摩（Bodhidharma）來華，便為中國的祖師禪，開了基業。以上節選自《中國佛教史概說》第九章「唐代的佛教──華嚴宗與禪宗」。搜尋日期：2016.8.8，網址：http：//ddc.shengyen.org/mobile/toc/02/02–02/d9.php。

[7]　見黃敬家〈宋代禪門頌古詩的發展及語言特色〉（臺北：師大學報「語言與文學類」，2016 年），卷 61，頁 55–70。

[8]　同註 5。冊 2，卷 20，頁 796。

[9]　見《蘇東坡全集》：「多難畏人，不復作文字，惟時作僧佛語耳。」續集卷 11、前集卷 33。

[10]　見蘇轍《欒城三集·墳院記》卷 10。

於是專治《論語》、《書》、《易》，為唐坰作〈唐氏六家書後〉[11]，提到唐書家「精能之至，反造疏淡」、「清遠蕭散」、「意態自足」、「雄秀獨出」、「自出新意」，這些字眼，正透露出他對佛老禪學的體認。他有名的偈詩〈題沈君琴〉：「若言琴上有琴聲，放在匣中何不鳴。若言聲在指頭上，何不於君指上聽？」[12]即成於此時。

《楞嚴經》有云：「譬如琴瑟、箜篌、琵琶，雖有妙音，若無妙指，終不能發，汝與眾生亦復如此。」[13]又：「真性有為空，緣生故如幻。無為無起滅，不實如空花。言妄顯諸真，妄真同二妄。猶非真非真，云何見所見。」[14]琴與指，因果相生，有無相成。《楞嚴經》所言「若無妙指，終不能發」，本是形容學習之人若要開悟，需要自心清淨及老師點撥兩方面的因緣和合，才能成就，而蘇軾〈題沈君琴〉則化用佛偈經意，闡明「法不孤起」、「有無相生」的「緣起論」[15]。這與美學中，美在於物或在於心，有異曲同工之妙。

若說禪宗之境界，也有其次第。《楞嚴經》說：「清淨心中，諸漏不動，名為初禪；清淨心中，麤漏已伏，名為二禪；安隱心中，歡喜畢具，名為三禪；有所得心，功用純熟，名為四禪。」[16]修禪之道與美的境界息息相關。東坡此時一邊談禪論藝，另一方面也開始和陶之作[17]。徐大受、孟震不能飲，他作〈飲酒說〉，其

---

[11] 同註3，卷60，頁996。

[12] 見王文誥、馮應榴編註《蘇軾詩集》，卷47，頁2534。

[13] 見《楞嚴經》卷4。

[14] 同註13，卷5。

[15] 見李蕭錕《書畫百寶箱——何不於君指上聽 蘇軾琴詩禪理之契悟》，搜尋日期：2016年8月8日，網址：
http：//www.merit–times.com.tw/NewsPage.aspx?unid=43355。

[16] 同註13，卷9。

[17] 見同註5，卷20，頁842。案：王文誥於「九月二十二日書歸去來集字詩」下，載「公（東坡）歸去來集字詩凡十首，其見於石刻者，凡六首，書於元豐四年九月二十二日，其作之分合，當起於黃州而不能悉考。

中的「甜酸甘苦，忽然過口，何足追記？取能醉人，則吾酒何以佳為？但客不喜爾，然客之喜怒，亦何與吾事哉？」[18]，其中頗有禪意。酒之美惡，對於不飲酒之人，是毫無影響的，而他人是否好酒，與我又有何干係？緣起緣滅、有無相生，終須回歸自性，這個道理也就顯而易見了。

東坡瞭解到審美的本質，在於物我之間的適意，形與神的兼備，審美這件事言人人殊，「美不孤起」、「緣自心生」，也觸發了他的靈感，因而寫下了〈念奴嬌〉（赤壁懷古）：「故國神遊，多情應笑我，早生華髮。人間如夢，一尊還酹江月。」[19]除了詞外，此時東坡也寫了〈勝相院藏經記〉，《雜寶藏經》中的一段話，也為他的禪美學觀，奠定了基石。他說「我觀大寶藏，如以蜜說甜，眾生未諭故，復以甜說蜜。甜蜜更相說，千劫無窮盡。自蜜及甘蔗，查黎與橘柚。說甜而得酸，以及鹹辛苦。忽然反自味，舌根有甜相。我爾默自知，不煩更相說。」[20]這就是他審美理論的發想。他在〈書黃子思詩集後〉：「梅止於酸，鹽止於鹹，飲食不可無鹽梅，而其美常在鹹酸之外。」[21]他將這樣的禪悟，融入在美學觀裡，是如此的貼切。

唐代司空圖融合佛老，提出「味在酸鹹之外」的主張，這個美感經驗，深深地影響宋人。司空圖云：「詩貫六義，諷諭抑揚，渟蓄淵雅，皆在其中。惟近而不浮，遠而不盡，然後可言意外之致。又謂梅止於酸，鹽止於鹹，而味在酸鹹之外。」[22]許印芳〈與李生論詩書・跋〉：

---

[18] 見同註 5，卷 21，頁 843。
[19] 見石聲淮、唐玲玲箋註《東坡樂府編年箋註》（臺北：華正書局，2005 年 9 月），頁 210。
[20] 同註 3，卷 54，頁 869。
[21] 同註 3，卷 60，頁 999。
[22] 見司空圖《一鳴集・與李秀才論詩書》。

表聖論詩，味在酸鹹之外，因舉右丞、蘇州以示準的，此
是詩家高格，不善學之，易落空套。唐人中，王、孟、韋、
柳四家詩格相近，其詩皆從苦吟而得。…眼前實境，而落
筆時若無淘洗熔煉功夫，必不能著此等語。由此而推，王
韋諸家能出奇之故，可默會矣。[23]

東坡對於司空圖二十四詩品，他的〈書黃子思詩集後〉曾言：「蓋
自列其詩之有得於文字之表者二十四韻，恨當時不識其妙」。被視
為重要的詩美學理論作品，再從「蘇李之天成、曹劉之自得、陶
謝之超然，蓋亦至矣。」[24]的觀點論之，蘇軾認為詩最重要的特質，
就是「天成」、「自得」和「超然」。

我們若要上溯東坡的自然觀，必須了解莊子的思想。莊子曾
說：「狙公賦芋曰：『朝三而暮四』，眾狙皆怒。曰：『然則朝四而
暮三。』眾狙皆悅。名實未虧而喜怒為用，亦因是也。是以聖人
和之以是非而休乎天鈞，是之謂兩行。」[25]聽任萬物自然平衡的運
行，領悟萬物之自在變化，才能做到「天成」、「自得」和「超然」。

司空圖深受道家的影響，認為保持內心虛靜才能對於萬物本
體與本源——「道」，有最高的觀照。因此主張創作主體必須保持
「虛靜」，「自然」、「本真」，不為外物所累，形成了超越物我的本
體論。東坡也體悟到一切詩文之妙，在於超然物我，自然天成，
所以他也主張「蕭散簡遠，妙在筆墨之外。」

以上論述，主要是探究東坡從佛家禪宗「自性清淨」與道家
的「自然虛靜」，得出了「物我兩忘」、「物我相生」的道理，進而
汲取司空圖的「味在酸鹹之外」，成就一己的禪美學觀。東坡的禪

---

23 見許印芳〈與李生論詩書‧跋〉，搜尋日期：2016 年 8 月 9 日。網址：http：
//sou-yun.com/Query.aspx?type=poem&id=12118&lang=t。
24 同註 3，卷 60，頁 999。
25 見王先謙《莊子集解》（臺北：華正書局，1975 年 3 月），卷 2，頁 12。

詩，如何印證他自己的美學觀？以下將進行討論。

參、蘇東坡的參禪論詩

東坡全家人都信佛[26]，最早接觸佛法是在少年時，蘇轍曾說東坡：「少年知讀佛書，習禪定。」[27]嘉祐六年到鳳翔任時，當時他26歲。他在〈王大年哀辭〉中說：「嘉祐末，予從事岐下，而太原王君諱彭字大年監府諸軍。……予始未知佛法，君為言大略，皆推見至隱以自證耳，使人不疑。予之喜佛書，蓋自君發之。」[28]此後，任杭州通判時，與吳越名僧相善[29]，且與名僧唱和題詩[30]，即可見出禪詩對他的影響。

禪宗透脫無礙，隨緣任運的人生哲學，使蘇東坡在種種危難困厄中，仍能保持通脫無礙的姿態和積極樂觀的信念，因此他在

---

[26] 其母程氏信佛虔篤，「家藏十六羅漢像，每設茶供」，他在〈真相院釋迦舍利塔銘〉云：「昔予先君文安主簿贈中大夫諱洵，先夫人武昌太君程氏，皆性仁行廉，崇信三寶。捐館之日，追述遺意，舍所愛作佛事，雖力有所止，而志則無盡。」其弟蘇轍更常與兄論佛法，東坡的妻妾中，繼室王閏之臨終要三個兒子邁、迨、過「為畫阿彌陀佛」，侍妾朝雲從泗上比丘尼義學佛法，彌留時仍誦《金剛經》，王弗16歲嫁給東坡，東坡當時才19歲，她親侍程氏夫人，想必也親炙佛法。就連蘇洵也結交蜀地名僧雲門宗圓通居訥和寶月大師惟簡，僧傳曾把他列為居訥法嗣。子由生日，東坡以檀香觀音像及新合印香銀篆盤為壽。表兄程正輔在朝雲逝後，勸其學佛，都足以印證東坡全家人都信佛。

[27] 見蘇轍《欒城後集》（上海：古籍出版社），卷21〈書白樂天集後二首〉，頁1402。

[28] 見《蘇東坡全集》後集，卷8。

[29] 見《東坡志林》卷2。

[30] 《宋詩紀事》載守詮（或作惠詮）〈題梵天寺〉：「落日寒蟬鳴，獨歸林下寺。柴（或作松）扉夜未掩，片月隨行履。唯聞犬吠聲，又入青夢去」，東坡和詩云：「但聞煙外鐘，不見煙中寺。幽人行未已，草露濕芒屨。惟應山頭月，夜夜照來去。」（〈梵天寺見僧守詮小詩清婉可愛，次韻〉，見《蘇軾詩集》卷8，頁380）。

〈東坡居士過龍光留一偈〉中盛譽禪宗:「所得龍光竹兩竿,持歸嶺北萬人看。竹中一滴曹溪水,漲起西江十八灘。」[31]俗稱「一勺甘泉開智慧,了知煩惱即菩提」,即是指南華寺卓錫泉,飲一滴即能開啟智慧[32]。

其後,他與詩僧佛印、參寥子俱有詩文往還。從他的〈送參寥師〉可看出他的詩學理論。他說:「欲令詩語妙,無厭空且靜。靜故了群動,空故納萬境。閱世走人間,觀身臥雲嶺。鹹酸雜眾好,中有至味永。詩法不相妨,此語當更請。」[33]「空」與「靜」是審美的要件,若非「一念清淨,污染自落,表裡翛然」很難感應外在的美,也只有「虛靜」,才可以身與物化,物我兩忘。其中提到「味在酸鹹之外」,也即是主張「超然物外」,追求「言外之意」。

東坡的三首偈詩,可見其禪學美的三境界。三首詩大約成於49歲離開黃州時,也是他著名的禪詩。第一首是「橫看成嶺側成峰,遠近高低各不同。不識廬山真面目,只緣身在此山中。」首言未參禪時,「見山是山,見水是水」,千姿百態,盡是眼前所見,各以己意解禪;第二首是「溪聲便是廣長舌,山色豈非清淨身。夜來八萬四千偈,他日如何舉似人。」次云已參禪時,「見山不是山,見水不是水」,禪在大自然中,卻無法以言語傳達,順手拈來、觸目所見,無非是佛法。第三首是「廬山煙雨浙江潮,未到千般恨不消。到得還來無別事,廬山煙雨浙江潮。」[34]末云既得禪意,

---

[31] 見彭印川《禪》網絡版,〈蘇東坡與禪師〉,搜尋日期:2016年8月11日,網址:http://chan.bailinsi.net/1998/1/1998115.htm。

[32] 《壇經・機緣品》:「師一日欲濯所授之衣而無美泉,因至寺後五里許,見山林鬱茂,瑞氣盤旋,師振錫卓地,泉應手而出,積以為池」,此即「卓錫泉」之由來。又〈次韻子由浴罷〉云:「楞嚴在牀頭,妙偈時仰讀。返流歸照性,獨立遺所矚。」(《蘇軾詩集》卷42,頁2312)亦可證其盛贊禪悅。

[33] 同註12,卷17,頁905。

[34] 以上三首禪偈詩,前兩首見於《蘇軾詩集》,卷23,頁1218。前詩為〈題西林壁〉,後詩為〈贈東林總長老〉。第三首詩不見於《蘇軾詩集》。

「見山只是山，見水只是水」，世間即是出世間，「菩提本無樹，明鏡亦非台。本來無一物，何事惹塵埃？」[35]若說黃州使東坡見證了佛法的要義，明白了審美的主體，成就了詩詞之美，是一點都不為過的。

錢謙益〈讀蘇長公文〉：「子瞻之文，黃州以前，得之於莊；黃州以後，得之於釋。」[36]不獨是文，詩詞也是。黃州之後，東坡有膾炙人口的題畫詩，印證了他對禪意美的鑑賞。他的〈惠崇春江晚景〉其一云：「竹外桃花三兩枝，春江水暖鴨先知。蔞蒿滿地蘆芽短，正是河豚欲上時。」[37]惠崇工小景，為韓汀遠渚，有瀟灑虛曠之象，東坡此詩，雖未言「晚」，然一句「河豚欲上」，即有晚景蕭然之致。又元祐二年，他有〈書晁補之所藏與可畫竹〉三首其一：「與可畫竹時，見竹不見人。豈獨不見人，嗒然遺其身。其身與竹化，無窮出清新。莊周世無有，誰知此疑神。」[38]表面上看，是讚美文與可畫的竹十分清新，緣於他凝神一志，身與竹化；實際上是提出一己對畫的觀察。畫作要清新，必須胸有成竹[39]，毫無滯礙，好比「自性清淨」、「洞見觀瞻」。

他的「清新論」，也見於〈書鄢陵王主簿〉二首其一：「論畫以形似，見與兒童鄰。賦詩必此詩，定非知詩人。詩畫本一律，天工與清新。邊鸞雀寫生，趙昌花傳神。何如此兩幅，疏淡含精

---

[35] 見於敦煌寫本《壇經》。六祖慧能針對五祖神秀的〈無相偈〉而發。慧能指出：「世人性本自淨，萬法在自性。思量一切惡事，即行於惡；思量一切善事，便修於善行。」這是後世「頓悟說」的基礎。

[36] 見錢謙益〈讀蘇長公文〉，四川大學中文系唐宋文學研究室《蘇軾資料彙編·上編》，（四川：中華書局，1994 年 4 月），頁 1088。

[37] 同註 12，卷 26，頁 1401。

[38] 同註 12，卷 29，頁 1512。

[39] 同註 3，卷 49，頁 813。〈篔簹谷偃竹記〉：「畫竹必先得成竹於胸中，執筆熟視，乃見其所欲畫者，即起從之，振筆直遂，以追其所見，如兔起鶻落，少縱則逝矣，與可之教予如此。」。

匀。誰言一點紅，解寄無邊春。」[40]形神兼備，天工清新，始能傳神。他在〈次韻吳傳正枯木歌〉裡提到：「古來畫師非俗士，妙想實與詩同出。」[41]書畫理論與題畫之作，是東坡在朝為官時，與文士詩文往返時的主軸。

東坡在元祐年間，在杭州浚西湖、為長堤、修六井。他曾寫了三首詩，其二云：「出處依稀似樂天，敢將衰朽較前賢。便從洛社休官去，猶有閒居二十年。」[42]東坡自言「平生自覺出處老少，龐似樂天」，白樂天受了六祖《壇經》的影響，文學作品富有禪意，東坡在此亦隱約的表達了禪學對他的影響。他在劉景文家藏樂天〈身心問答三首〉云：「淵明形神自我，樂天身心相物，而今月下三人，他日當成幾佛？」[43]這時期，東坡開始了和陶之作，而和陶詩也成了東坡謫居嶺南的代表。

東坡的和陶詩計 109 首，蘇轍曾提到：「（東坡）於詩人，無所甚好，讀好淵明之詩。淵明作詩不多，然其詩質而實綺，癯而實腴，自曹、劉、鮑、謝、李、杜諸人，皆莫及也。」[44]對於陶詩的不做作、天然之美，他有所感悟，於是盡和陶作。其實，在元豐五年貶謫黃州時，他已有〈哨遍〉（為米折腰）詞，東坡提到「雲出無心，鳥倦知還，本非有意」，「但小窗容膝閉柴扉，策杖看孤雲暮鴻飛。」[45]對於陶詩的自然樸質，已表示欽慕。

被貶謫到惠州以後，東坡有〈和陶貧士〉七首，言其生活窘困，樽俎蕭然。其三云：「誰謂淵明貧，尚有一素琴。心閒手自適，寄此無窮音。」[46]這首詩仍有些許禪意。所幸他的表兄程正輔、循

---

[40] 同註 12，卷 29，頁 1525。
[41] 同註 12，卷 36，頁 1962。
[42] 同註 12，卷 33，頁 1762。
[43] 同註 12，卷 34，頁 1818。
[44] 同註 27，〈東坡先生和陶淵明詩引〉。
[45] 同註 19，頁 203。
[46] 同註 12，卷 39，頁 2138。

州太守周彥直，一勸他潛心向佛，一濟他米糧衣食，都是他惠州時的貴人。他的〈答周循州〉詩云：「蔬飯藜牀破衲衣，掃除習氣不吟詩。前身自是盧行者，後學過呼韓退之。未肯叩門求夜話，時叩送米續晨炊。知君清俸難多輟，且覓黃精與療飢。」[47]自許前身為盧行者[48]（曹溪六祖），又說要覓道家黃精療飢，可見道家的養生與佛家禪宗的根苗，是東坡在困頓時的慰藉。

東坡〈贈曇秀〉：「白雲出山初無心，棲鳥何必戀舊林？道人偶愛山水故，縱步不知湖嶺深。空巖已禮百千相，曹溪更欲瞻遺像。要知水味孰冷煖，始信夢時非幻妄。」[49]他與曇秀（即芝上人）同遊，作詩唱和，對於慧能大師的禪悟漸有進境。詩云，「聊為不死五通仙，終了無生一大緣。獨鶴有生知半夜，老蠶不食已三年。憐君解比人間夢，許我時逃醉後禪。會與江山成故事，不妨詩酒樂新年。」[50]雖是為詩相戲，不過也化用了佛典，點出了自己對佛學意境的參透。

他的〈和陶形贈影〉提到「細查我與汝，相因以成茲。忽然乘物化，豈與生滅期」，〈和陶影答形〉又說：「我如鏡中像，鏡壞我不滅。雖云附陰晴，了不受寒熱。」〈和陶神釋〉說道「莫從老君言，亦莫用佛語。仙山與佛國，終恐無是處。」[51]謫居儋州，他潛心佛法，但也明白相生相滅的關係，因此，詩裡透露出無可無不可的態度。在連日安定之後，他被趕出儋州官舍，東坡在〈新居〉詩中，云：「朝陽入北林，竹樹散疏影。短籬尋丈間，寄我無窮境。舊居無一席，逐客猶遭屏。結茅得茲地，翳翳村巷永。數

---

47 同註 12，卷 39，頁 2151。
48 即是禪宗六祖慧能，其宗派為曹洞宗。
49 同註 12，卷 40，頁 2190。
50 同註 12，卷 40，頁 2214。題為〈吳子野絕粒不睡，過作詩戲之，芝上人、陸道士皆和，予亦次其韻〉。
51 此三首詩，見於同註 12，卷 42，頁 2306－2308。

朝風雨涼,畦菊發新穎。俯仰可卒歲,何必謀二頃。」[52]這首詩寫得精深華妙,王文誥案語云:「紀昀曰:『查初白謂神似杜陵,余謂正在韋、柳間耳。』」論其詩風,的確有韋、柳韻味。許顗《彥周詩話》云:「東坡在海外,盛稱柳柳州詩,後嘗有人得罪,過海,見黎子雲秀才,說海外絕無書,適渠家有柳文,東坡日夕玩味。」[53]又云:「柳柳州詩,東坡云:『在陶彭澤下,韋蘇州上』。」[54]因此,東坡海南詩,深受陶淵明、韋應物、柳宗元的影響,而能從絢爛歸於平淡,實是有跡可循。

　　以上就東坡佛學淵源,與詩僧往返唱和、以禪入詩,印證其一生出處,與佛道二家脫不了關係。尤其被貶到了嶺南,他感悟到自己與陶淵明、白樂天、韋蘇州、柳柳州等人,境遇相同,命運多舛,晚年以佛語入詩的情況,有增無減。雖說王文誥於《蘇文忠公詩編註集成》提及「雖就佛說,不必皆佛理也。」[55]但東坡擷取佛老之精髓,建立一己的美學觀,且以詩證之[56],當是不爭的事實。

肆、蘇東坡的禪美學

---

[52] 同註 12,卷 42,頁 2312。

[53] 見何文煥編訂《歷代詩話·彥周詩話》,(臺北:藝文印書館,1983 年 6 月)頁 224。

[54] 同註 53,頁 225。

[55] 王文誥《蘇文忠公詩編註集成》卷 41〈入寺〉詩註云:「凡註家識見低微者,皆不達此意(雖就佛說,不必皆佛理)。故凡語氣稍陟老莊佛氏者,不論是非輕重,則般載佛經語錄數百十言實之……取(東坡)發自性靈之作,皆誣為深得禪理矣。」

[56] 東坡〈入寺〉詩云:「曳杖入寺門,輯杖挹世尊。我是玉堂仙,謫來海南村。多生宿業盡,一氣中夜存。且隨老鴉起,饞食扶桑暾。光圓摩尼珠,照耀玻璨盆。來從佛印可,稍覺魔忙奔。閒看樹轉午,坐到鳴鐘昏。歛收平生心,耿耿聊自溫。」(同註 12,卷 41,頁 2283)大抵海南生活,可見一斑。

　　東坡禪意美，受多種因素的激盪，而建立一己的學說。除了全家人都深炙佛法，自己也好莊子書，浸潤沉潛於老莊哲理之外，其實還有一個更重要的因素——外在環境的氛圍。歐陽修《六一詩話》提到：「唐之晚年，詩人無復李杜豪放之格，然亦務以精意相高。」又云：「聖俞嘗語余曰：『詩家雖率意，而造語亦難。若意新語工，得前人所未道者，斯為善也。必能狀難寫之景，如在目前；含不盡之意，見於言外，然後為至矣！』」[57]東坡的禪意美，融合了佛老的思維，且重視「意新語工」，是有脈絡可循的。

　　北宋中葉以後，隨著禪悅之風的盛行，宋代士大夫的審美心態大為改變，宋詩創作中佛教的思想、語言材料及表達方式的不斷滲入，特別是宋人受參禪啟示而對詩歌文本的重新認識，大量的禪宗術語被引進詩學，形成了宋詩學「以禪喻詩」的鮮明特色[58]。東坡禪意美展現在詩文裡，約有四端：（一）反常合道，（二）奪胎換骨，（三）句有詩眼，（四）以意逆志。茲分述如下：

　　（一）反常合道

　　「反常合道」語出宋釋贊寧《宋高僧傳》卷九〈唐均州武當山慧忠傳〉：「論頓也不留朕跡，語漸也反常合道。」論頓、語漸指的是宋代佛法分南宗「頓悟」、北宗「漸悟」，而「反常合道」這四個字是禪宗最常見的話題，東坡借此來說明詩歌的創作原則。

　　惠洪《冷齋夜話·柳詩有奇趣》條引東坡云：「詩以奇趣為宗，反常合道為趣。」[59]所謂反常合道，即是以俗為雅、以故為新。《漁隱叢話》：

---

[57] 見何文煥編訂《歷代詩話·六一詩話》，（臺北：藝文印書館，1983 年 6 月）頁 158。

[58] 參見周裕鍇〈宋代詩學術語的禪學語源〉，搜尋日期：2016 年 8 月 13 日，網址：http://www.hawh.cn/big5/gqwh/2006-08/10/content_97944.htm。

[59] 《冷齋夜話》卷 5。

宋子京筆記云：「文章必自名家，然後可以傳不朽者，若體
規畫圓，准方作矩，終為人之臣僕。」古人譏屋下架屋，信
然！陸機曰：「謝朝花於已披，啟夕秀於未振」，韓愈曰：
「惟陳言之務去」，此乃為文之要者。苕溪漁隱曰：學詩亦
然。若循習陳言，規模舊作，不能變化、自出新意，亦何
以名家？[60]

以真實相出遊戲法，造成意新語工，其中必要藉「以禪入詩」。他
的〈游鶴林、招隱〉二首其一：「古寺滿修竹，深林聞杜鵑。睡餘
柳花墮，目眩山櫻然。」[61]像這種遇境而生，肆意而成的詩句，充
滿禪悅與詩意，是東坡詩裡「意新語工」的佳作。

　　他主張「出新意於法度之中，寄妙理於豪放之外。」[62]大抵出
於此。又如「精能之至，反造疏淡，如觀陶彭澤詩，初若散緩不
收，反覆不已，乃識其奇趣。」[63]東坡不只在詩中屢次稱許陶詩，
在詞的創作上，亦能做到「反常合道」、「精能之至，反造疏淡」。
他的〈卜算子〉詞（缺月挂疏桐），黃山谷即稱其「語意高妙，似
非喫烟火食人語，非胷中有數萬卷書，筆下無一點塵俗氣，孰能
至此？」[64]所言甚是。

　　（二）奪胎換骨

　　吳曾《能改齋漫錄》引《冷齋夜話》載山谷曰：

不易其意而造其說，謂之換骨；規摹其意而形容之，謂之
奪胎。覺範復引樂天「醉貌如霜葉，雖紅不是春。」至東
坡則曰：「兒童誤喜朱顏在，一笑那知是酒紅。」此謂奪胎。

---

[60] 見胡仔《漁隱叢話》冊四，（臺北：廣文書局，1967年6月），頁961。
[61] 同註12，卷11，頁547。
[62] 同註3，卷60，頁998。題為〈書吳道子畫後〉。
[63] 同註3，卷60，頁996。題為〈書唐氏六家書後〉。
[64] 同註60，冊三，頁772。

予以山谷之言自是，而覺範引證則非矣，蓋東坡變樂天之
醉，正是換骨。[65]

奪胎也好，換骨也罷，這是邁往「意新語工」的途徑。

東坡〈錢道人有詩云「直須認取主人翁」，作兩絕戲之〉其一
云：「首斷故應無斷者，冰銷那復有冰知？主人若苦令儂認，認主
人人竟是誰？」其二云：「有主還須更有賓，不如無鏡自無塵。只
從半夜安心後，失卻當前覺痛人。」[66]這兩首詩化用《圓覺經》「首
已斷，故無能斷者」和《楞嚴經》「此乃換骨，非常痛也」，將禪
機融入詩作，也可見其「機趣戲謔」並非虛言，而要在談禪論道
之間，自出新意。

類似的化典為用，自出新意，也同時見諸於東坡詞。〈定風波〉
（長羨人間琢玉郎）云：「萬里歸來年愈少，微笑，笑時猶帶嶺梅
香。試問嶺南應不好，卻道，此心安處是吾鄉。」[67]此處化用白樂
天詩「無論海角與天涯，大抵心安即是家。」[68]能自然吐屬，不假
雕琢，此即東坡奪胎換骨的功夫。

（三）句有詩眼

禪家句中的「眼」，指的是深藏禪機，能讓人開悟的關鍵字，
東坡將他視為作詩應有的警句。雲門說禪，有「言中有響，句裡
藏鋒」之說[69]，作詩論眼，實源於禪宗「正法眼藏」。佛的心眼通
達真理智慧，名「正法眼」，故能洞徹實相萬德之無盡藏，引用在
作詩之法上，即是「句有詩眼」。

---

[65] 見吳曾《能改齋漫錄》卷 10。
[66] 同註 12，卷 47，頁 2525。
[67] 同註 19，頁 306。
[68] 同註 36，上編，吳玕（此心安處便是吾鄉）條下，頁 201。
[69] 見《雲門匡真禪師廣錄》卷上，《大正藏》第 47 冊。

《漁隱叢話》曾提及：

> 東坡云：「采菊之次，偶然見山，初不用意，而境與意會，故可喜也。今皆作望南山。」又引東坡語：「陶淵明意不在詩，詩以寄其意耳。采菊東籬下，悠然望南山，既來采菊又望山，意盡於此，無餘韻矣，非淵明意也。」[70]

這段話適足以印證東坡深諳「詩眼」之法，「見南山」乃無意為之，若作「望南山」則無餘韻，指出「見」乃詩眼之所在。

他的詩眼之說，影響到黃山谷的「句中有眼」說。《山谷題跋》云：「往時王定國道余書不工，書工不工是不足計較處，然余未嘗心服。由今日觀之，定國之言誠不謬。蓋用筆不知擒縱，故字中無筆耳。字中有筆，如禪家句中有眼，非深解宗趣，豈易言哉！」[71]山谷又云：「以法眼觀，無俗不真；若以世眼觀，無真不俗。」[72]言人為詩，應以法眼觀之，此正是東坡「句有詩眼」之闡發。

（四）以意逆志

要做到「句有詩眼」，就必須「以意逆志」。何謂以意逆志？孟子曰「說詩者不以文害辭，以辭害志，以意逆志，是謂得之。」[73]自文詞中探索其意，方能得其實。東坡云：「天下之理，能戒然後能慧，蓋慧性圓通，必從戒謹中入，未有天君不嚴，而能圓通覺悟者也。」[74]這裡又與禪理相應，要人作詩為文，意到筆隨。

東坡曾讚美王維云：「味摩詰之詩，詩中有畫；觀摩詰之畫，

---

70 同註 60，冊一，頁 62–63。

71 黃庭堅《黃文節公正集》「自評元祐間字」（成都：四川大學出版社，2001年），頁 677。

72 同註 60，冊一，頁 75。

73 見趙岐註、孫奭疏《十三經註疏・孟子・萬章上》（臺北：藝文印書館，1981年元月），頁 164。

74 見《詩友談記》卷 4。

畫中有詩。」[75]《漁隱叢話》引王維「中歲頗好道」詩云:「此詩造語之妙,至與造物者相表裏,豈直詩中有畫哉?觀其詩,知其禪蛻塵埃之中,浮游萬物之表者也。」王維素有「詩佛」之稱,其詩「自然超塵」,「以悟證道」,是以東坡認為王維「詩畫一律」,能達到「天工清新」。

趙翼《甌北詩話》提到「東坡大氣旋轉,雖不屑屑於句法、字法中,別求新奇,而筆力所到,自成創格。」[76]這就是東坡禪意美中「以意逆志」的展現。

以上論述東坡融合佛老的思維,將禪意美相結合,形成一己的詩文理論。他提出「反常合道」、「奪胎換骨」、「句有詩眼」、「以意逆志」等理論,都影響江西詩派黃庭堅的詩法,對後世美學理論也起了一定的作用。

伍、結語

東坡禪美學已如上述,至今我們在研究他何以能撐過人生困境時,總會想起他的禪詩。「人生到處知何似?應似飛鴻踏雪泥。泥上偶然留指爪,鴻飛那復計東西?」[77]自性清淨,則心中無一點塵,信手拈來,自有禪境。

在佛教家庭的浸染下,東坡與佛家的淵源自然深厚。及其年長,與名僧高士相往來,禪偈唱和,以展才學,莫不受外在環境的影響。所幸的是,他將詩文理論與禪學用語做了巧妙的結合,提出了「反常合道」、「奪胎換骨」、「句有詩眼」、「以意逆志」等,

---

[75] 見《東坡題跋》卷下〈書摩詰藍田煙雨圖〉。
[76] 見趙翼《甌北詩話》卷 5(臺北:廣文書局,1971 年 5 月),頁 5。
[77] 同註 12,卷 3,頁 96。

為後世開啟了另一宗法。

他自言在詩人中，最喜陶淵明詩，這對淵明來說，無疑的是一大肯定。淵明詩的「質而實綺，癯而實腴」，經由東坡的盡和陶詩，為後世人傳頌不已，這不能不說是他的幸運。「自然閒遠」、「意新語工」，正是東坡追求的「絢爛之後，乃造平淡」的精髓，這也是禪意美的最高表現。

佛教禪修要人「一念清淨，污染自落，表裡翛然，無所附麗」，以此空靜觀照，研閱窮照，的確給予我們精神上極佳的指引。親近佛法，圓通覺悟，常使我們天性樂易，不受外在虛空束縛。今後當我們再次閱讀東坡禪詩，應當會有不一樣的體悟。

06
蘇軾「道」與「藝」之境界

摘要

　　蘇軾論「道」本諸老莊，老子之「順應自然」、莊子之「心齋坐忘」，蘇軾了然於心，遂有「豈獨不見人，嗒然遺其身。其身與竹化，無窮出清新」之語。若論及「藝」，則言「賦詩必此詩，定知非詩人。詩畫本一律，天工與清新」。究竟蘇軾在「道」與「藝」兩方面，是如何縐合的？又如何拈出「清新說」，使得宋代詩詞面目一新，不同於唐人的境界？本文擬從蘇軾對「道」與「藝」的看法，提煉出蘇軾詩詞的新面貌，復從「境界說」，說明蘇軾理想中詩的意境。此一主題，對蘇軾「道進於藝」的體會，定能有一番認識，且對於宋人精神面貌的探究，亦能有所恢弘。

關鍵詞：道與藝、道進於藝、境界說、蘇軾詩詞

壹、前言

　　道是什麼？道是自然生成的一種狀態。就美學而言，無論是大自然或是人為的事物，只要是自然形成，都是一種「道」[1]。一般人所指的「道法自然」還特指運行於天地間的原理、原則。我們在探究蘇軾美學時，必須特別留意他對「道」的詮釋，也就是留意他「由道進藝」的問題。

　　蘇軾對於「道」的體會，見於《宋史‧蘇軾本傳》的記載。他自言讀莊子書，昔日所未能言，莊書皆已言之。這是蘇軾對《莊子》的感想。莊子的思想源於老子，老子書中的「美惡相生，禍福相倚」發展出的二元論，到了莊子，更進一步演繹出齊物論、逍遙遊等概念。凡事過猶不及，有其優點必有其缺點，因此人們必須保持自性清淨，無欲無求，以得天命，樂其全生。蘇軾對「道」的體悟，即展現在「美」是一切創作的最高原則，「**耳遇之而成聲，目遇之而成色，是大自然的無盡藏**」，外境之來，是造物主的恩賜，只要保有自由虛空的心，就能領略美之所在。

　　以此推論，蘇軾之創作能通曉道之所由生，且明白道之所由進，即是心與物的相應，而且是思惟與技藝的共生。文學創作需要自由的心靈，不受羈絆，任運而生，但並非表示無須人為的努力，而只要「心齋坐忘」就好。「道」的境界隨著「學」的淺深，乃漸次醞釀而成。孔子說：「**吾嘗終日不食，終夜不寢以思，無益，不如學也。**」[2]說的就是這個道理。透過真知力學，方能日有

---

[1] 參見《道德經》：「有物混成，先天地生，寂兮寥兮，獨立而不改，周行而不殆，可以為天下母。吾不知其名，強名之曰道。」參見「中國哲書書電子化計畫」，網址：https://ctext.org/dao-de-jing/zh，搜尋日期：2018 年 2 月 23 日。

[2] 參見《論語‧衛靈公》（臺北：藝文印書館，1981 年元月 8 版），頁 140。

所獲，再化為創作的靈感。「道」與「藝」是藝術創作的兩端，缺一不可。

蘇軾自言平生功業，在於「黃州、惠州、儋州」，這三地是他被貶謫之處，也是他文學創作的三階段。在貶官之時，他屏除任官的繁瑣、案牘的勞形，有全然的自由可以創作。歲月的淬煉，思想的成熟，他也隨著貶謫地的天遠地偏，詩筆越老越熟，精深華妙，臻於化境。如此看來，無論是「道」與「藝」，蘇軾的創作確實是隨著「學」的進展，有「質而實綺，癯而實腴」的現象。

本文旨在探究蘇軾在「道」與「藝」兩方面如何綰合？他又如何拈出「清新說」，使得宋代詩詞面目一新，且開拓不同於唐人的境界。筆者擬從蘇軾對「道」與「藝」的看法，提出蘇軾詩的新面貌，復從「境界說」，說明蘇軾理想中詩的意境。蘇軾對「道進於藝」的體會，於宋人精神面貌的探究，相信亦能有所恢弘。

貳、蘇軾詩文中「道」的意義

「道」這個字，老子書中談論得最多，也影響後人甚鉅。「老子深明治亂興衰之由，察乎成敗得失之故，憤世俗之澆薄，故主反樸歸真，順乎自然。感物慾之誘惑，故主絕聖棄智，而復其淡泊。」[3]其中，蘇軾在美學所採取的，即是「順乎自然」、「復其淡泊」。蘇軾在〈書柳子厚詩二首〉言：「詩須有為而作，用事當以故為新，以俗為雅。好奇務新，乃詩之病。」[4]這個說法，與老子的「有無相生，難易相成，長短相形，高下相傾」有異曲同

---

[3] 參見黃登山編著《老子釋義》序，（臺北：臺灣學生書局，1999 年 9 月三版）。
[4] 參見《蘇軾全集校註》，（石家莊：河北人民出版社，2010 年 6 月初版），冊 19，文集 10，頁 7548。

工之妙[5]。蘇軾認為東晉詩人陶淵明淡泊名利，隱居田園，他的詩清新脫俗，有田園之趣，歸隱之樂，文字平淡自然而有意趣。至於柳子厚詩初以「奇險」見稱，乃是一病，所幸子厚晚年詩不刻意用典，也無奇字拗語，極似陶淵明。作詩能得乎自然之道，不故弄奇險，且能借俗為雅，化故為新，這是深得老子之道的[6]。

　　至於如何能深得老子「道」的要旨呢？老子提出了「致虛靜，守靜篤。」[7]這本是修道者使心靈恢復清明的功夫，同時也是使詩空靈的秘訣。蘇軾〈送參寥師詩〉：「欲令詩語妙，無厭空且靜。靜故了群動，空故納萬境。」[8]空則得閒，閒能優游天地間，「覺其動靜」，這就是從事詩文寫作者的靈感。老子認為「萬物並作，吾以觀其復。夫物芸芸，各復歸其根。」[9]，蘇軾也認為虛無靜定的狀態，就是道體的本真。以此尋繹「道」，能使詩文靈妙，在此揭示了創作的奧義。

　　探究蘇軾從《老子》學得的修為，則必須留意「重為輕根，靜為燥君。是以聖人終日行不離輜重，雖有榮觀，燕處超然。」[10]脫離世俗，安心居處，穩重清靜，不為所動，是老子對君子的勸戒，而蘇軾無論榮顯或貶謫之時，均能以此自處，蓋深得老子三昧者。觀其〈超然台記〉提到：「臺高而安，深而明，夏涼而冬溫。雨雪之朝，風月之夕，余未嘗不在，客未嘗不從。擷園蔬，取池魚，釀秫酒，瀹脫粟而食之。曰：『樂哉遊乎！』」[11]蘇轍《欒

5　參見黃登山《老子釋義》引河上公曰：「見有而為無也，見難而為易也」。黃氏分析老子的道，他說：「老子認為形而上的道是絕對的，永恆的，是一貫的，但是形而下的一切現象都是相對的，變動的，所以有無乃是相對產生的，難易也是相對形成的。」。
6　《經進東坡文集事略》卷60，（臺北：世界書局，1975年1月再版）頁999。
7　同註1，頁74。
8　《蘇軾詩集》卷17（臺北：學海出版社，1983年1月初版），頁905。
9　同註1。
10　同註9。
11　同註4，文集2，頁1105。

城集‧超然台賦序》引《老子》「雖有榮觀，燕處超然」因名為「超然台」，即取其意。

此一超然物外的想法，《莊子》將老子的想法，發揮得淋漓盡致，因而也影響東坡對日常生活的態度。莊子說：「**知道者必達於理，達於理者必明於權，明於權者不以物害己。至德者，火弗能熱，水弗能溺，寒暑弗能害，禽獸弗能賊，非謂其薄之也，言察乎安危，寧於禍福，謹於去就，莫之能害也。**」[12]莊子以楚之神龜為喻，言寧生而曳尾塗中，任性逍遙，而不願死為留骨；以鵷鶵自比，非梧桐不止，非練實不食，非醴泉不飲，視名利如腐鼠，在在都說明自己寧可精神暢旺，逍遙自在，也不願名韁利鎖絪綁，受制於人。

蘇軾深造於道，且親身躬行之，於老莊之思想，融會貫通，且能舉一反三。當其出仕徐州之時，有〈寶繪堂記〉，自言：

> 凡物之可喜，足以悅人而不足以移人者，莫若書與畫。……始吾少時，嘗好此二者。家之所有，惟恐其失之，人之所有，惟恐其不吾予也。既而自笑曰：「吾薄富貴而厚於書，輕死生而重於畫，豈不顛倒繆失其本心也哉？」自是不復好。見可喜者雖時復蓄之，然為人取去，亦不復惜也。……於是乎二物者常為吾樂而不能為吾病。[13]

不以物喜，不以己悲，寓意於物，而不留意於物，這是蘇軾經過深思熟慮，融會老莊之學的結果，也是他生命態度的一環。

綜上所述，蘇軾對老莊之道是有深刻了解的，老子的「自然無為」、「反樸歸真」，莊子的「任性逍遙」、「不留意於物」，皆是他文學創作的精神。他的修為，一部分也來自於打破「美惡

---

[12] 參見王先謙著《莊子集解》，（臺北：華正書局，1975 年 3 月一版），頁 109。
[13] 同註 4，文集 2，頁 1122。

」、「有無」、「去取」、「難易」的概念，而以「無入而不自得」的態度在處世。這種超脫於世俗的想法，無疑的，在他人生跌落低谷時，讓他能安然度過難關。

參、蘇軾「道」與「藝」的綰合

藝術最高妙之處，在於道與藝的結合，換言之，即是「技與道相半」。此說見於《莊子‧養生主》：「庖丁釋刀對曰：『臣之所好者道也，進乎技耳。』」[14]莊子所言之「道」，雖指養生之道，不過也可視為日常生活之修為；至於「技」，莊子雖指「解牛之技」，在藝術範疇裡，卻可視之為文學創作之技巧。庖丁「依乎天理，批大郤，導大窾，因其固然」，乃是「道」與「藝」最高的表現，在藝術文學創作而言，即是修為與技藝合一所呈現出來的藝術美感。

蘇軾在〈思堂記〉裡，提到自己「無思」的個性。他自言遇事則發，不遐思也，且不思之樂，不可名狀。文中說：「虛而明，一而通，安而不懈，不處而靜，不飲酒而醉，不閉目而睡。……萬物並育而不相害，道並行而不悖。」[15]黃震評曰：「東坡才高識敏，事既立就，而又襲用道家之說，以愛惜精神為心，故創言無思。」[16]蘇軾自出典各州，平日居處，蓋少思寡欲，文中提到「言發於心而衝於口，吐之則逆人，茹之則逆余，以為寧逆人也，故卒吐之。」[17]可見他遇事靈敏，順乎自然的個性。大抵修身學道，以「無思無為」為最終目的。

---

14 同註 12，頁 20。
15 同註 4，文集 2，頁 1147。
16 參見黃震《黃氏日鈔》卷 62。參見網址：https://zh.wikisource.org/zh-hans/黃氏日抄（四庫全書）/全覽 3。
17 同註 4，頁 1146。

　　至於創作之技藝，蘇軾也全力以赴，深深了解「隨物賦形」的道理。他提到「畫竹必先得成竹於胸中，執筆熟視，乃見其所欲畫者，急起從之，振筆直遂，以追其所見，如兔起鶻落，稍縱則逝矣！」[18]創作有賴於靈感，且先規摹其意，心手相應，才能使作品達高妙之境。

　　蘇軾在〈畫水記〉中提到「隨物賦形」，這也是他在文學藝術所推崇的基本風格。蘇軾提到：

> 古今畫水，多作平遠細皺，其善者不過能為波頭起伏，使人至以手捫之，謂有窪隆，以為至妙矣。然其品格，特與印板水紙爭工拙於毫釐間耳。唐廣明中，處士孫位始出新意，畫奔湍巨浪，與山石曲折，隨物賦形，畫水之變，號稱神逸。[19]

畫山石與畫水能不與人同，自出新意，而隨物賦形，必須胸中有疏放之氣，不拘拘於形似。宋郭若虛《圖畫見聞志》言郭位「志行孤潔，情韻疎放」畫風與性情一致，可說是人格的真實反映。同樣的理論蘇軾在〈淨因院畫記〉也有敘述：「余嘗論畫，以為人禽宮室器用皆有常形。至於山石竹木、水波煙雲，則無常形，而有常理。…世之工人，或能曲盡其形，而至於其理，非高人逸才不能辨。」[20]此一道理，即是「胸有成竹，隨物賦形，遊刃餘地，運斤成風」之謂也。藝術家胸中自有丘壑，乃能意之所向，無不如志。

　　作畫是如此，寫詩呢？「腹有詩書氣自華，讀書萬卷始通神」[21]蘇軾相信的是有天份之外，還要加上人為的努力。一個人氣質的

---

[18] 同註4，文集2，頁1154。
[19] 同註4，文集2，頁1302。
[20] 同註4，文集2，頁1160。
[21] 同註8，卷5，頁221。

涵養，是無法偽裝的；一個人才學的表現，也是一點一滴、日積月累的成果。《彥周詩話》提到蘇軾教人作詩，要能「熟讀毛詩《國風》與〈離騷〉，曲折盡在是矣！」[22]《詩經》的教化旨在「溫柔敦厚」，而〈離騷〉情致纏綿，有詩人個性在其中。作詩在內容與形式上都必須兼顧，尤其是「學問」這件事，更是作詩的根柢。

蘇軾在詩中也曾提及：「舊書不厭百回讀，熟讀深思子自知」[23]，透過不斷的反芻、精進，熟而生巧、窮而後工，方能自出新意。然而，究竟是學「道」還是學「技」呢？楊江帆在〈淺談中國傳統文化的學〉一文中，指出：「所有的視覺藝術都是心的外化，即心象，有什麼樣的精神取向，就有什麼樣的審美追求，讀經典、學國學的目的，就是通過追求我們的人生境界來改變我們的審美追求。」[24]

藝術追求不能自外於心性修養，修養的功夫來自學習，目的是人格的完成，換言之，即是自我的實現。我們讀經典、學國學，是藝術內容的涵養，也是「道」的完成，但藝術作品必須經過創作，透過高妙的「技」，方能傳達給他人去感受、感動。

蘇軾深知「道」與「藝」同等重要，所以將兩者綰合起來。他一方面出入佛老，另一方面揣摩作畫寫詩的技巧，呈現藝術的整體美。蘇軾指出「學以明禮，文以述志；思以通其學，氣以達其文。古之人道其聰明，廣其見聞，所以學也；正志完氣，所以言也。」[25]以學做為基礎，以文做為載體，而後「山川之秀美，風俗之樸陋，賢人君子之遺跡，與凡耳目之所接者，雜然有觸於中，

22　參見《彥周詩話》（臺北：藝文印書館，1983 年 6 月四版），頁 227。
23　同註 8，卷 6，頁 247。題為〈送安惇秀才失解西歸〉。
24　參見《蘇軾研究》（四川：中國蘇軾研究學會，2017 年 6 月）總 49 期，頁 60。
25　同註 4，文集 2，頁 1016。題為〈送人序〉。

而發於詠嘆。」[26]詩文乃有感而發，有為而作，不以游談枝詞為尚。他主張「博觀而約取，厚積而薄發」[27]，即是強調「學」的重要。

要論蘇軾對「道」與「藝」的主張，可以文與可畫竹為例。他在〈墨君堂記〉提到文與可「端靜而文，明哲而忠。士之修潔博習，朝夕磨治洗濯，以求交於與可者，非一人也。」[28]這是對文與可為人的肯定。蘇軾畫竹得之於與可，與可教其畫竹要成竹在胸、執筆熟視，真筆直遂，心手相應。說來容易，做起來困難，因此蘇軾深以為技術不純熟時，無論如何心手是不能相應的。至於文與可畫竹，能得物之常理，蘇軾對他稱賞不已。他說：「與可之於竹石枯木，真可謂得其理矣！如是而生，如是而死，如是而攣拳瘠蹙，如是而條達茂暢，根莖節葉，牙角脈縷，千變萬化，未始相襲，而各當其處，合於天造，厭於人意。」[29]對於文與可畫竹的技藝，十分的讚嘆。從以上的論述，可以得知與可的「道藝」相合，方能合於天造，盡如人意。

他在〈文與可畫墨竹屏風贊〉中說：「與可之文，其德之糟粕；與可之詩，其文之毫末。詩不能盡，溢而為書，變而為畫，皆詩之餘。」[30]在蘇軾看來，與可的畫與其人、其德、其詩、其文、其書，面貌雖異，然「道藝」相合，這些創作都是文同個人內心世界情感的的流露。

道與藝的相合，是藝術家的最高境界。蘇軾在讚美畫家詩人時，時時流露此一理念。他在讚美吳道子畫作時，曾說：「道子畫人物，如以燈取影，逆來順往，旁見側出，橫斜平直，各相乘除，得自然之數，不差毫末，出新意於法度之中，寄妙理於豪放

---

[26] 同註4，文集2，頁1009。題為〈南行前集敘〉。
[27] 同註4，文集2，頁1061。題為〈稼說〉。
[28] 同註4，文集2，頁1120。
[29] 同註4，文集2，頁1160。題為〈淨因院畫記〉。
[30] 同註4，文集4，頁2386。

之外,所謂游刃有餘,運斤成風,蓋古今一人而已。」[31]吳道子刻苦好學,勇於創新,不僅注意個人藝術修為,還致力於繪畫藝術的推廣。他畫山水不是單純的臨摹和複製,而是注重本身對山水景物的感受與融合,並通過感受作畫,畫家張璪稱為「外師造化,中得心源。」[32]蘇軾對他的讚譽,即是認同他道與藝的結合,能自創一格。

蘇軾有許多題畫詩,常意在言外,有韻外之趣。他的「竹外桃花三兩枝,春江水暖鴨先知。」[33]、「怕愁貪睡獨開遲,自恐冰容不見時。」[34]、「眾禽事紛爭,野雁獨閒潔。徐行意自得,俯仰若有節。」[35]或題畫外意,或寫動植物的神態,展現一己學習和經驗的心得。

藝術創作若只能在事物表面著墨,乃是畫匠的表現;唯有詩人畫家,能體物入微,將情感與思想融為一爐,以見出「道」與「藝」的最高境界。蘇軾對文與可的讚嘆,在題畫詩裡展現自己的藝術涵養,使他成為一位優秀的創作者,也就不足為奇了。

肆、蘇軾理想中詩的意境

若論蘇軾對藝術的追求,是除了「我手寫我口」之外,更講究「清新」二字。

---

[31] 同註 6,卷 60,頁 998。
[32] 參見網址:http://www.lishiquwen.com/news/89625.html,搜尋日期:2018年 2 月 14 日。
[33] 同註 8,卷 26,頁 1401。題為〈惠崇春江晚景〉二首其一。
[34] 同註 8,卷 21,頁 1107。題為〈紅梅〉三首其一。
[35] 同註 8,卷 24,頁 1287。題為〈高郵陳直躬處士畫雁〉二首其二。

　　蘇軾說：「我書造意本無法，點畫信手煩推求」，自言寫字自出機杼，出於意造，因此「興來一揮百紙盡，駿馬倏忽踏九州。」[36]他不拘拘於模仿古人，而能自創新法，因此舉凡詩、詞、散文、書、畫等都取得了很高的成就。其詩題材廣闊，清新豪邁，善用誇張比喻，獨具風格。他「自出新意，不踐古人」，拈出了「清新」一詞，成為了他創作的規準。

　　「清新」意指不落俗套，意新語工[37]。嚴格來說，創新有四大面向：一是題材新，二是情思新，三是語言新，四是意境新。蘇軾在〈書晁補之所藏與可畫竹〉三首其一，曾言「與可畫竹時，見竹不見人。豈獨不見人，嗒然遺其身。其身與竹化，無窮出清新。莊周世無有，誰知此凝神？」[38]此詩題材新穎，先是說與可畫竹專一之神情，再進言與可畫竹身與竹化而為一，因此能自出新意。心手相應、意到筆隨，這是題材創新的表現。創作自構圖、意造、審美等角度，將相同的素材不斷的創新，使人不覺其同，則是上乘。蘇軾能見出與可的「無窮出清新」，正見其千變萬化之美。其次是情思新，也就是思想之美、情感之美，展示出的是詩人獨特的個性美。蘇軾的〈蠟梅一首贈趙景貺〉云：

　　天工點酥作梅花，此有蠟梅禪老家。蜜蜂采花作黃蠟，取蠟為花亦其物。天工變化誰得知？我亦兒嬉作小詩。君不見萬松嶺上黃千葉，玉蕊檀心兩奇絕。醉中不覺度千山，夜聞梅香失醉眠。歸來卻夢尋花去，夢裡花仙覓奇句。此

---

[36] 同註 8，卷 6，頁 236。題為〈石蒼舒醉墨堂〉。

[37] 參見《麓堂詩話》：「詩貴不經人道語。自有詩以來，經幾千萬人，出幾千萬語而不能窮，是物之理無窮，而詩之為道亦無窮也。」（臺北：木鐸出版社，1983 年 9 月初版），頁 1372。

[38] 同註 8，卷 29，頁 1522。

間風物屬詩人，我老不飲當付君。君行適吳我適越，笑指
西湖做衣紳。[39]

此詩以蠟梅為題，乃元祐中蘇、黃在朝始定名。詩中「君不見萬
松嶺上黃千葉，玉蕤檀心兩奇絕。醉中不覺度千山，夜聞梅香失
醉眠。」句句扣準蠟梅之形、神，蠟梅之色、香俱躍然紙上，且
言「此間風物屬詩人，我老不飲當付君」，無論在思想、情感上，
皆呈現蘇軾獨特的性情。一般的人絕道不出「天工點酥作梅花」
句，這是蘇軾匠心獨運之處，一般人也不會寫「我亦兒嬉作小詩」
這種浪漫而戲謔的句子，但我們從這些蛛絲馬跡中，可以看出蘇
軾的真性情、真感情，這是他具有鮮活的個性使然。

若說蘇軾用語的新穎，詩家都指出他的〈泛潁〉為例。

我性喜臨水，得潁意甚奇。到官十日來，九日河之湄。吏
民笑相語，使君老而癡。使君實不癡，流水有令姿。繞郡
十餘里，不馳亦不遲。上流直而清，下流曲而游。畫船俯
明鏡，笑問汝為誰？忽然生鱗甲，亂我鬚與眉。散為百東
坡，頃刻復在茲。此豈水薄相，與我相娛嬉。聲色與臭味，
顛倒眩小兒。等是兒戲物，水中少磷緇。趙陳兩歐陽，同
參天人師。觀妙各有得，共賦泛潁詩。[40]

這首詩寫來興會淋漓，是蘇軾在潁水之上，情思活躍之下，偶發
的神來之筆。先是以宋詩的特色，以散文句式呈現，直到「畫船
俯明鏡」開始變化，「散為百東坡，頃刻復在茲」，隨物賦形，
寫出水中影、心中情，可謂出神入化矣！像這樣的用語，將詩人
鮮明的個性展露無遺，在北宋朝裡，也只有蘇軾能寫得出。

---

[39] 同註 8，卷 34，頁 1828。
[40] 同註 8，卷 34，頁 1794。題為〈泛潁〉。

其他如詠鶴的「我生如寄良畸孤，三尺長脛閣瘦軀。」[41]，寫景的「長風送客添帆腹，積雨浮舟減石鱗。」[42]，寫梅的「海南仙雲嬌墮砌，月下縞衣來扣門。」[43]等，都可看出蘇軾在遣辭用句上的用心。及至晚年貶到海南，描寫儋耳新居，已見用字自然高妙，詩云：「朝陽入北林，竹樹散疏影。短籬尋丈間，寄我無窮境。舊居無一席，逐客猶遭屏。結茅得茲地，翳翳村巷永。數朝風雨涼，畦菊發新穎。俯仰可卒歲，何必謀二頃？」[44]寫海南風光，一己的心情，皆情景相融，曲盡其妙，又無老人衰憊之氣，殊為難得。

至於蘇軾詩的境界新，可從晚年在儋耳一系列的詩作看出來。他在海南寫日常生活的情形，可說是十分寫實。〈倦夜〉詩云：「倦枕厭長夜，小窗終未明。孤村一犬吠，殘月幾人行？衰鬢久已白，旅懷空自清。荒園有絡緯，虛織竟何成？」[45]先是破題，而後寫荒村即景，再言心境蕭索，復問促織何事空鳴，雖是尋常生活，卻已道出老年心境。人生三境界，一是詩酒以入世，二是隨順而處事，三是安樂以出世。這首詩寫出他已進入第三層境界，可以安樂以處世了！

蘇軾一生經歷了三次的貶謫，境界一次比一次高，詩裡也表現了這樣的意境。黃州之前，他過著詩酒入世的日子，「醉呼妙舞留連夜，閒作清詩斷送秋。」[46]，是他的寫照。黃州詩詞造就了他隨順處世的詩風。「逐客不妨員外置，詩人例作水曹郎。只慚無補絲毫事，尚費官家壓酒囊。」[47]，道出他的心境；「詩書與我

---

[41] 同註 8，卷 37，頁 2002。題為〈鶴歎〉。
[42] 同註 8，卷 37，頁 2053。題為〈八月七日，初入贛，過惶恐灘〉。
[43] 同註 8，卷 38，頁 2074。題為〈十一月二十六日，松風亭下，梅花盛開〉。
[44] 同註 8，卷 42，頁 2312。
[45] 同註 8，卷 42，頁 2324。
[46] 同註 8，卷 15，頁 740。題為〈次韻答邦直、子由五首〉。
[47] 同註 8，卷 20，頁 1030。題為〈初到黃州〉。

為麴藥，醞釀老夫成搢紳。」[48]，對自己仍充滿自信。黃州之後，起知文登，「暫借好詩消永夜，每逢佳處輒參禪。」[49]，此時亦隨順自然，積極應世。再次貶謫惠州，他的〈食荔枝〉詩云：「羅浮山下四時春，盧橘楊梅次第新。日啖荔支三百顆，不辭長作嶺南人。」[50]他已融入嶺南的生活。再謫海南，他描寫〈儋耳〉，又是另一番境界，詩云：「霹靂收威暮雨開，獨憑欄檻倚崔嵬。垂天雌霓雲端下，決意雄風海上來。野老已歌豐歲語，除書欲放逐臣回。殘年飽飯東坡老，一壑能專萬事灰。」[51]。他一心一意想回中原的願望得以成真，詩筆也因此活躍了起來，但終究也進入了全新的領悟，不再對世事有熱切的期望了。

蘇軾詩中的境界，隨著他學習的淺深、對老莊順應自然的體悟，以及禪宗的漸悟，而有了越來越高的意境。他在〈送參寥師〉提到了「詩法」，體悟到佛老思想與藝術創作是同一原理，只要把握「空」與「靜」的真諦，將「道」進於「藝」，也就不足以怪了！詩云：

> 上人學苦空，百念已灰冷。劍頭唯一吷，焦穀無新穎。胡為逐吾輩，文字爭蔚炳？新詩如玉屑，出語便清警。退之論草書，萬事未嘗屏。憂愁不平氣，一寓筆所騁。頗怪浮屠人，視身如丘井。頹然寄淡泊，誰與發豪猛？細思乃不然，真巧非幻影。欲令詩語妙，無厭空且靜。靜故了群動，空故納萬境。閱世走人間，觀身臥雲嶺。鹹酸雜眾好，中有至味永。詩法不相妨，此語更當請。[52]

48　同註 8，卷 21，頁 1117。題為〈又一首答二猶子與王郎見和〉。
49　同註 8，卷 30，頁 1616。題為〈夜直玉堂，攜李之儀端叔詩百餘首，讀至半夜，書其後〉。
50　同註 8，卷 40，頁 2194。
51　同註 8，卷 43，頁 2362。
52　同註 8，卷 17，頁 905。

然而所有的藝術，原理是相同的，只是藝術家以不同的面貌來呈現，所以他又拈出了「清新說」。他說：「論畫以形似，見與兒童鄰。賦詩必此詩，定非知詩人。詩畫本一律，天工與清新。邊鸞雀寫生，趙昌花傳神。何如此兩幅，疎淡含精勻。誰言一點紅，解寄無邊春。」[53]前此，他讚美文與可畫竹，「其身與竹化，無窮出清新」，在此他更言「詩畫本一律，天工與清新」，可見他對於對於藝術創作者，包括詩人，強調的都是寫物必須形神兼備。

綜論以上，作詩要不落俗套，必須講求題材新穎，二是情思創新，三是語言清新，四是意境翻新，這一切都有賴詩人平日的修為。至於藝術的理想境界，還要做到「天工」，也就是寫物心手相應、形神兼備，合乎藝術的要求。由道進藝，完成圓融純熟的作品，是藝術家一生的追求。

伍、結語

蘇軾寫詩，不同於唐人的面貌，卻能從唐代的詩人畫家中，看出文人的風華。他讚美王維「詩中有畫，畫中有詩」，〈書摩詰藍田煙雨圖〉言：「味摩詰之詩，詩中有畫；觀摩詰之畫，畫中有詩」[54]，王維畫之所以不同於一般的詩人，在於人品、學問、才情，在寫詩作畫方面，講究意境與神韻的呈現，格調高雅，道藝並進。蘇軾汲取唐代文人的重涵養、勤讀書，更進一步提出「讀萬卷書，行萬里路」，將詩人的胸次開闊，具有文心、詩情、畫意，強調詩人性情是自在的，想法是不被拘束的，詩法是推陳出

---

[53] 同註8，卷29，頁1526。題為〈書鄢陵王主簿所畫折枝二首〉其一。
[54] 同註4，文集10，頁7904。

新的。這也就形成了宋代文人精神面貌的表徵，極具有指標的意義。

　　宋代文人追求「詩風澹泊」、「用語質樸」，也就是他們面對生命的態度，然而這樣的生命態度，不是槁木死灰、了無生趣，而是「發纖穠於簡古，寄至味於澹泊。」[55]他們有豐富的精神生活，煮茶、焚香、寫詩、作畫、書法、讀書，這些是靜態的活動；詩文酬唱、詩酒相娛、留連勾欄、郊遊宴飲、節慶遊冶、遊賞夜市，則是動態的節目。《揮塵後錄》記載蘇軾的休閒生活：

> 時每遇休暇，必約客湖上，早食於山水佳處，飯畢，每客一舟，令隊長一人，各領數妓，任其所適。晡後，鳴鑼以集之，復會望湖樓或竹閣之類，極歡而罷。至一二皷，夜市猶未散，列燭以歸。城中士女雲集，夾道以觀千騎之還，實一時之勝事也。[56]

從早到晚，安排的一系列活動，重視的是生活的體驗，還有文人雅士的集會。至於節慶，對宋人而言，民俗文化更是多采。根據《東京夢華錄》記載：「中秋夜，貴家結飾臺榭，民間爭占酒樓翫月，絲簧鼎沸。近內廷居民，夜深遙聞笙竿之聲，宛若雲外。閭里兒童連宵嬉戲，夜市駢闐至於通曉。」[57]好一幅太平盛世、君民同歡，他們將生活審美融入藝術中，求雅求新、追求生活藝術化的人生。文人們或高談闊論，或飲酒賦詩，或共賞美景，或攜妓同樂，以做為創作的靈感，也因此滋養了豐富而多元的文化底蘊。

---

[55] 同註 6，卷 60，頁 999。

[56] 參見王明清《揮塵後錄》卷 7。參見網址：https://zh.wikisource.org/zh-hans/揮塵錄（四庫全書）/全覽。

[57] 參見孟元老《東京夢華錄》卷 8。參見網址：https://zh.wikisource.org/zh-hans/東京夢華錄（四庫全書）/全覽。

　　蘇軾詩能以老莊「順乎自然」、「復其淡泊」為依歸，經歷了詩酒以入世，隨順而處事，安樂以出世三個階段，由道進藝，留下了許多精深華妙的作品，真正的展現了「道藝合一」的境界。他的「清新說」，全然從日常學習、生活體驗而來，標舉的文人風格，更為人津津樂道。

　　本文從蘇軾對「道」的體會，進而探討其由道而藝的藝術理論，以蘇軾的詩做為印證，分析蘇軾人生三個進階的創新境界，復歸於其詩題材新、情思新、用語新及境界新，與他所提倡的「詩畫本一律，天工與清新」不謀而合，而結以宋人文士面貌之展現，冀望他日研究蘇詩者，能有所深造之！

07

蘇軾詩文的創新精神

摘要

　　北宋是文風薈萃的時代，蘇軾是其中的佼佼者之一。宋詩有別於唐詩，後代學者早有定論，而蘇軾即是宋詩的代表人之一；宋人一反五代婉約詞，獨創豪放詞風，蘇軾即是豪放詞的開創者。蘇軾提出的許多文學主張，為後世津津樂道者，有「李杜齊名」、「郊寒島瘦」，他讚美王維「詩中有畫，畫中有詩」，提出了畫人物需「形神兼備」，並倡導「文人畫」，發明「朱竹圖」，凡此，皆可說明他是全面開展創新精神的文學家。他的一生，如何不與世浮沉，充分的展現才學？他何以能開風氣之先，有自己獨創的文學主張？這其中有個性的緣由，也有北宋獨特的政治背景，更有著當時文壇的影響。本文擬從這些面向，說明蘇軾詩文的創新精神。蘇軾曾說：「出新意於法度之中，寄妙理於豪放之外」，還曾言「安心有道年顏好，遇物無情句法新」，想必對於「創新」有其獨特之見解。本文擬爬梳蘇軾詩文，將蘇軾詩文何以能創新，如何獨樹一幟達到創新，做一探討。近代無論藝術、文學，都要求要有創新精神，然而如何方能創新，自是重要的課題。本文將藉古鑑今，探討蘇軾所處的時代氛圍、文學環境，進而論述創新之必要條件，供近代提倡藝文創新者之參考。

關鍵字：蘇軾、蘇軾詩詞、蘇軾文學評論、創新精神

壹、前言

　　蘇軾（1037—1101），北宋大文學家，清末王國維譽為中國最偉大的「四大詩人」之一[1]。在王國維眼中，蘇軾是文學的天才，提及「天才」，除倚仗天分之外，更重要的是後天的努力。蘇軾所處的時代，是「以文字為詩、以議論為詩、以才學為詩」的時代，雖受到嚴羽的批評，但這也代表宋詩人不願追隨唐詩人的腳步，而堅持走出創新的路[2]。蘇軾在歐陽修的影響下，高舉創新的旗幟，寫下了宋詩輝煌的一頁，同時，也開創了豪放詞派，被譽為偉大的詩人，應是當之而無愧。

　　若論創新的動力，實可源自於蘇軾個人的自我期許。二十二歲登進士第，二十六歲赴鳳翔任節度判官，回朝後正值王安石行新法，因政治立場不同，奏請補外，三十六歲通判杭州。自二十六歲到三十六歲這十年間，蘇軾詩多意氣風發，諷諭時事，充分凸顯宋詩「以文字為詩、以議論為詩、以才學為詩」的特色。三十七歲開始，蘇軾開始了詞的創作，有別於五代詞的婉約抒情，他將散文入詞，並且以詩入詞，開啟了詞的另一種寫法。四十一歲創作〈水調歌頭〉（明月幾時有），四十四歲貶謫黃州，四十七歲創作〈赤壁賦〉，人生的起伏，造就了他的文學血脈。爾後的二十年，他在北宋黨爭下，兩度被貶，詩詞的造詣是越老越熟，晚年可說已達爐火純青之境。

　　「國家不幸詩人幸」，蘇軾以不斷創新詩詞、文賦，做為終身

1　湯克勤〈論蘇軾精神〉，提及王國維認為屈原、陶潛、杜甫和蘇軾為四大詩人，且引王國維言：「此四子者苟無文學之天才，其人格亦自足千古。」搜尋日期：2016 年 5 月 26 日，網址：http://blog.sina.com.cn/s/blog_bf8ae6d00101bhe4.html。

2　參見嚴羽著、郭紹虞校釋：《滄浪詩話校釋》（臺北：東昇出版公司，1980 年 10 月初版）。

的志業，一方面是時勢使然，另一方面也是不得不然。在他三十七歲時，歐陽修過世，他代之主掌文壇，凜然有「振興文風」的志向，在他帶領下的「蘇門六君子」[3]，的確也是宋代詩詞重要的推手，說他在當時引領風騷，也不為過。究竟蘇軾是怎麼創新，如何獨樹一幟的，這是值得探討的議題。

貳、蘇軾才學識的體現

有宋一代，在古文方面力圖掃淨西崑體的形式，「不為空疏之文」，影響所及，罷詩賦而取明經，文人紛紛創作散文，散文中不乏儒家思想，對於經世致用此一主題，幾乎是貫串在宋代散文當中，形成一種普世的價值。蘇軾年少即喜好賈誼、陸贄的文章，是以議論滔滔，辯才無礙。自讀《莊子》文，喟然嘆息曰：「吾昔有見於中，口未能言，今見《莊子》，得吾心矣！」[4]在思想上，他融通了有無之道，了悟了死生齊一，也學會了文學中的譬喻想像，對於他日後的文學創新，開啟了一扇窗。

提起蘇軾的詩，他自言：

> 夫昔之為文者，非能為之為工，乃不能不為之為工也。山川之有雲霧，草木之有華實，充滿鬱勃，而見於外，夫雖欲無，其可得耶！……山川之秀美，風俗之朴陋，賢人君子之遺迹，舉凡耳目之所接者，雜然有觸於中，而發於詠歎。[5]

---

[3] 《欽定四庫全書總目》卷 187：「《宋史》稱「黃庭堅、張耒、晁補之、秦觀爲蘇門四學士，而此益以陳師道、李廌，稱蘇門六君子。」」。
[4] 《欒城後集·亡兄子瞻端明墓誌銘》，見《四庫全書》第 1112 冊，頁 759。
[5] 蘇軾〈江行唱和集敍〉《經進東坡文集事略》，卷 56，（臺北：世界書局，1975年元月），頁 922。

這裡說明了他作詩緣起，同時也印證了陸機所言「佇中區以玄覽，頤情志於典墳。遵四時以歎逝，瞻萬物而思紛。」[6]詩人作詩為文，無非是有感賢人之斯文，與夫受到山川、四時變化的觸發，因此產生詩文創作。

蘇軾創作的詩，張毅認為：「在前期以豪邁為主，多清雄之氣，後期趨於平淡自然，表清遠曠達之意味，一以貫之的是清澈坦蕩的胸襟和自由灑脫的個性。其過人之處在於他的人生虛幻和清苦的體驗，比一般人要深微沉重，卻沒有陷入厭世傷感，始終保持著心靈主體瀟灑自如的氣度和曠達的情懷。」[7]這一段話，說明了蘇軾的詩與他的為人息息相關，尤其是他的個性。無論處在順境或是逆境，蘇軾始終保持清醒的心和曠達的態度，寫他的經驗和感觸。

細究蘇軾的創作背景，的確與他的個性和經驗有很大的關係。蘇軾最初創作詩歌，是在他二十四歲仕途剛起步時，那時他意氣風發，創作以五古和七古為主，代表作〈石鼓歌〉、〈王維吳道子畫〉、〈謝蘇自之惠酒〉、〈石蒼舒醉墨堂〉，發揮了他恣肆汪洋的波瀾文筆，或氣勢澎拜，或議論縱橫，或淋漓盡致，展現了年少時期才學不凡的一面[8]。此後，他歷任杭、密、徐、湖這四州郡之後，十年間創作了 788 首詩，其中寫了 67 首諷諭詩，終於引起了政敵的圍剿，他也因詩入獄，這就是後世所指的「烏臺詩案」。

若論及蘇軾的諷諭詩，應是熙寧二年到元豐二年，也就是蘇

---

6 陸機〈文賦〉，《文選》卷 17，（臺北：藝文印書館，1983 年 6 月），頁 245。
7 張毅《清曠之美──蘇軾的創作個性、文化品格及審美取向》（《文藝理論研究》1992 年第 4 期）。
8 參見拙著〈蘇詩奔放期作品探究〉，《蘇軾詩析論──分期及其代表作》第二章，（臺北：華正書局，1997 年 5 月），頁 123。

軾 34 歲到 44 歲這一段時期[9]。這一時期的代表作有〈送劉放倅海陵〉、〈戲子由〉、〈遊徑山〉、〈湯村開運鹽河雨中督役〉、〈吳中田婦歎〉、〈寄劉孝叔〉，多五、七言或五七雜言。在詩的內容上，不滿新法，頗多諷諭；形式上，各體兼備，技巧高妙；特色上，托物寄興，言之有物[10]。他極盡能事的嘗試，將所有生活的體驗，用他的詩筆多方的創作。趙翼《甌北詩話》提到蘇詩「**爽如哀梨，快如并剪，有必達之隱，無難顯之情。**」[11]可見，他的才學豐贍，文筆流暢。「奔放」和「諷諭」這兩期詩已為他奠定了日後詩文創新的基石。

「烏臺詩案」是蘇軾一生的轉捩點，也是他詩風轉變的關鍵期。從元豐三年到元豐八年，蘇軾詩進入到沉潛期。這一時期的代表作有〈寓居定惠院之東，雜花滿山，有海棠一株，土人不知貴也〉、〈東坡〉八首、〈紅梅〉三首、〈寄周安孺茶〉、〈海棠〉、〈題西林壁〉[12]，雖仍以五、七言為創作的主體，但經歷「烏臺詩案」之後，他躬耕東坡，心境沉潛，不求物質的精妙，安於生活的閒適，且期待有報效朝廷的一天。值得注意的是這一時期的「詠物詩」，呈現蘇軾對美感經驗獨特的看法。詠物時要「形神兼備」、「物我雙寫」，且看他的〈紅梅〉三首之一：「怕愁貪睡獨開遲，自恐冰容不入時。故作小紅桃杏色，尚餘孤瘦雪霜枝。寒心未肯

9　參見拙著〈蘇詩諷諭期作品探究〉，《蘇軾詩析論——分期及其代表作》第三章，（臺北：華正書局，1997 年 5 月），頁 159 – 160。

10　參見拙著《烏臺詩案研究》，（臺北：花木蘭文化出版社，2006 年 9 月）。

11　原文為出自趙翼《甌北詩話》卷 5〈蘇東坡詩〉：「以文為詩，自昌黎始，至東坡益大放厥詞，別開生面，成一代之大觀。今試平心讀之，大概才思橫溢，觸處生春，胸中書卷繁富，又足以供其左旋右抽，無不如志。其尤不可及者，天生健筆一枝，爽如哀梨，快如并剪，有必達之隱，無難顯之情，此所以繼李、杜後為一大家也，而其不如李、杜處，亦在此。蓋李詩如高雲之游空，杜詩如喬嶽之矗天，蘇詩如流水之行地。讀詩者於此處著眼，可得三家之真矣。」（臺北：木鐸出版社，1982 年 4 月）。

12　參見拙著〈蘇詩沉潛期作品探究〉，《蘇軾詩析論——分期及其代表作》第四章，（臺北：華正書局，1997 年 5 月），頁 169。

隨春態，酒暈無端上玉肌。詩老不知梅格在，更看綠葉與青枝。
」[13]乍看之下，會以為這首詩是在寫美人，幸好最後兩句點出了石
曼卿〈紅梅〉的辨認方法——「綠葉與青枝」，道出了詠物詩不可
以只看物的外貌，還應注意「傳神」。蘇軾在黃州，已不復前期詩
那樣的肆無忌憚，他轉而往心靈深處探索詩文藝術之美，因而在
閒適的生活中，得到了心靈的寄託。這時期的他，勤耕苦讀、遊
山玩水、學道養生、參禪靜坐，從閒適中體會人生百態，詩作沉
潛而清逸，顯出了與前期詩極為不同的樣貌。

宋神宗崩逝，王安石繼之過世，是蘇軾人生的再一次轉折。
太皇太后起用蘇軾，他以才學兼備，到京任中書舍人、翰林學士，
起草詔書。蘇軾雖還京，得以一展長才，但也因掌管諫院，臺諫
們起草詔令，得罪一干朝中小人。北宋黨爭在元祐年間，越演越
烈，終至造成南宋偏安的局面。這段期間，蘇軾所寫的策論書箚
很多，從元祐元年到元祐四年，大抵如朝廷典制、宮禁儀文、宰
執恩例、館閣掌故等，不一而足。這些都是代擬的詔令，不能代
表他的文學創作。然而這四年間，他和王晉卿、晁補之、黃庭堅
等人，論詩題畫、詠石記墨，在書畫的造詣上，更上一層樓，可
以作為這一期詩文創作的代表，筆者稱為「凝定期」[14]。

這一時期的代表作有三類：一類為題畫詩，如〈惠崇春江晚
景〉、〈郭熙畫秋山平遠〉、〈書晁補之所藏與可畫竹〉、〈書鄢陵王
主簿所畫折枝〉二首、〈書王定國所藏煙江疊嶂圖〉。一類為送別
詩，如〈送顧子敦奉使河朔〉、〈送子由使契丹〉。一類為感懷詩，

---

[13] 王文誥、馮應榴輯註《蘇軾詩集》卷 21，（臺北：學海出版社，1983 年元
月），頁 1107。

[14] 自元祐元年蘇軾返朝，到紹聖元年被貶惠州，這八年間為蘇詩的「凝定期」，
指的是蘇軾返朝後，生活安定，在創作上偏向應酬唱和，雖不乏題畫佳作，
然較少活潑生氣，因此歸於凝定期。

如〈贈劉景文〉、〈泛潁〉、〈東府雨中別子由〉[15]。從以上三類詩，可以看出這一期詩文的創作背景，是複雜而多樣的。值得注意的是，這一期詩作裡，提出了蘇軾對書畫與詩文創作的理論。論與可畫竹，言「與可畫竹時，見竹不見人。豈獨不見人，嗒然遺其身。其身與竹化，無窮出清新。莊周世無有，誰知此疑神。」[16]提出了作畫必須「凝神」、「無窮清新」；論折枝圖，言「論畫以形似，見與兒童鄰。賦詩必此詩，定知非詩人。詩畫本一律，天工與清新。」[17]他將繪畫的理論，與詩文創作相比擬，提出「詩畫一律」的看法，這也是獨具隻眼的。

紹聖元年，蘇軾再次被貶謫到惠州，這是他創作詩文的第二次高峰。惠州期間，他的生活從錦衣玉食到資用罄絕，不得不從頭躬耕，調整心態。這一期的代表作有〈八月七日，出入贛，過惶恐灘〉、〈十月二日初到惠州〉、〈十一月二十六日，松風亭下，梅花盛開〉二首、〈荔支歎〉、〈和陶貧士〉、〈縱筆〉等[18]。這些詩無論在思想意境或造語遣詞上，趨於知命圓融，盡和陶詩，悔不早日躬耕隴畝，顯現出他對官場險惡的厭惡，因此筆者將此期稱為「圓融期」。

大抵上，貶謫惠州的生活是清苦的，但精神上是豐盈的。蘇軾的〈十一月二十六日，松風亭下，梅花盛開〉，即是這時期心境的寫照。詩云：

> 春風嶺上淮南村，昔年梅花曾斷魂。豈知流落復相見，蠻

---

[15] 參見拙著〈蘇詩凝定期作品探究〉，《蘇軾詩析論──分期及其代表作》第五章，（臺北：華正書局，1997 年 5 月），頁 205。

[16] 王文誥、馮應榴輯註《蘇軾詩集》卷 29，（臺北：學海出版社，1983 年元月），頁 1512。

[17] 王文誥、馮應榴輯註《蘇軾詩集》卷 29，（臺北：學海出版社，1983 年元月），頁 1525。

[18] 參見拙著〈蘇詩圓融期作品探究〉，《蘇軾詩析論──分期及其代表作》第六章，（臺北：華正書局，1997 年 5 月），頁 240。

風蜒雨愁黃昏。長條半落荔支浦，臥樹獨秀桃榔園。豈惟幽光留夜色，直恐冷豔排冬溫。松風亭下荊棘裡，兩株玉蕊明朝暾。海南仙雲嬌墮砌，月下縞衣來扣門。酒醒夢覺起繞樹，妙意有在終無言。先生獨飲勿歎息，幸有落月窺清樽。[19]

元豐三年，東坡被貶謫到黃州，曾見春風嶺上梅花盛開，寫下〈梅花〉詩：「何人把酒慰深幽，開自無聊落更愁。幸有清溪三百曲，不辭相送到黃州。」[20]不料被貶謫到惠州，在松風亭又見梅花盛開。經歷了風光的在朝為官，又被貶謫到南方瘴癘之地，蘇軾將當年的七絕，化做七古，發抒他的感慨。我們比較這兩首梅花詩，就可看出他的詩筆老練，詩風純熟圓融，極力抒寫梅花孤獨的形神，卻又予人皎潔如月的意象。唯一不變的，是蘇軾認為萬物有情，昔日的梅花相送到黃州，今日的梅花安慰著他，告訴他有落月相伴飲酒，應不必歎息。蘇軾的梅花詩，夾議夾敘，物我雙寫，有獨特的個性在其中，這正是他圓融期詩作的特色。

蘇軾第三次被貶，貶到當時有「天涯海角」之稱的儋州——海南島。這時已是紹聖四年，他已六十二歲了。他自言在海南的生活是「食無肉，病無藥，居無室，出無友，冬無碳，夏無寒泉，然亦未易悉數，大率皆無矣！……尚有此身，付與造物者，聽其運轉，流行坎止，無不可者。」[21]蘇軾明白：他的境遇，最壞也就是這樣了，然而能夠活著，就隨順自然吧！

蘇軾這一期的詩作，正如他在〈書唐氏六家書〉中說：「永禪

---

[19] 王文誥、馮應榴輯註《蘇軾詩集》卷 38，（臺北：學海出版社，1983 年元月），頁 2075。
[20] 王文誥、馮應榴輯註《蘇軾詩集》卷 20，（臺北：學海出版社，1983 年元月），頁 1026。
[21] 蘇軾，〈與程秀才〉，《蘇軾文集》卷 55，（北京：中華書局，1986 年），頁 1628。

師書，骨氣深穩，體兼眾妙。精能之至，反造疏淡。如觀陶彭澤詩，初若散緩不收，反復不已，乃識奇趣。」[22]「平淡」、「疏淡」貫穿著這一期的詩風，蘇軾也自言到海南「謫居儋耳，實家羅浮之下，獨與幼子過負擔渡海，葺茅竹而居之。日啖藷芋，而華屋玉食之念，不存於胸中。平生無所嗜好，以圖史為園囿，文章為鼓吹，至是亦皆罷去，猶喜獨為詩，精深華妙，不見老人衰憊之氣。」[23]在內容上，他對生命有了全面的體悟；在形式上，大量的用典、譬喻、對偶，已到了圓熟華妙的境地，這是蘇詩「精深期」的特色。

這一期的代表作有〈和陶連夜獨飲〉、〈和陶和劉柴桑〉、〈和陶遊斜川〉、〈贈嶺上老人〉、〈儋耳〉、〈澄通驛通潮閣〉、〈六月二十夜渡海〉等，試舉〈六月二十夜渡海〉：「參橫斗轉欲三更，苦雨終風也解晴。雲散月明誰點綴，天容海色本澄清。空餘魯叟乘桴意，粗識軒轅奏樂聲。九死南荒吾不恨，茲遊奇絕冠平生。」[24]這首詩以比體寫成，總結蘇軾的一生。自二十四歲出仕，三次貶謫，得以返回中原，可說是九死一生。無論是神宗變法，王安石掌權時他的落寞，還是太皇太后的賞識，他得以掌誥命、為國服務，隨著他貶謫「黃州、惠州、儋州」的功業，他無恨無悔，胸襟磊落。展現在詩中的，是他的對偶精妙，譬喻精準，用典如鹽著於水，淡而無痕。

蘇軾所展現的，是北宋詩文的創新風格。從奔放期的恣肆汪洋，到諷諭期的各體兼備，黃州時期的借物托興，凝定期的天工

---

[22] 蘇軾撰、郎曄註《經進東坡文集事略》卷60，（臺北：世界書局，1975年元月），頁996。

[23] 王文誥輯訂〈東坡先生和陶淵明詩引〉，《蘇文忠公詩編註集成‧總案》卷41，（臺北：學生書局，1979年），頁1388。

[24] 王文誥、馮應榴輯註《蘇軾詩集》卷41，（臺北：學海出版社，1983年元月），頁2366。

清新，惠州時期的圓融純熟，儋州時期的精深華妙，我們看到了一位偉大的文學家，隨順著一生的起伏，發揮他的才、學、識，寫下了驚心動魄的生命樂章。

參、蘇軾全方位的創新

　　有宋以來，難得一見的創新天才，非蘇軾莫屬。他不只在古文運動的旗幟下，響應唐代「反駢儷浮華」的古文運動，而且主張文道並重，先道後文，建立了平易流暢的文章風格，使散文更具表達力和生命力。他的散文與歐陽修並稱「歐蘇」，後世列為「唐宋八大家之一」，著名的史論散文〈賈誼論〉、〈留侯論〉、〈教戰守策〉等，其中獨特的見解、豐富的思想，可說議論英發；記敘散文如〈超然臺記〉、〈石鐘山記〉、〈潮州韓文公廟碑〉，也展現他清麗流暢、如水在地一樣的清雄之氣。他的前〈赤壁賦〉、後〈赤壁賦〉是文賦，保留了傳統賦體的對話特點，同時大量使用散句，行文揮灑自如，奔放豪邁；將情、景、理水乳交融，景中含情，情中寓理，可說波瀾起伏，具有很高藝術水準。他的藝文見解，屢屢在散文中，傳達出橫溢的才氣，而有精闢的論述，這些都是他創新的一面，值得我們細細品味。

　　若論他的詩，為北宋四大家之一，與「歐陽修、王安石、黃庭堅」並稱，擅長於寫景中寄寓人生體悟。在一生所創作的兩千七百多首詩中，是他人生跌宕的寫照，也是他抒發情感最主要的創作[25]。他不但有豐贍的才學，還有過人的見識，在一片反對宋詩「以文字為詩、以議論為詩、以才學為詩」的聲浪中，他獨排眾議，而且親身創作五古、七古，展現他散文化的詩風。宋詩所以

---

[25] 見拙著《蘇軾文學批評研究》（臺北：南宏圖書有限公司，1995 年 5 月），頁 92。

能與唐詩抗衡，不能不歸功於他的創作功力，為宋詩灌注了新的生命力。

蘇軾於宋神宗熙寧五年杭州通判時，開始填詞，時年三十七。他「以詩為詞」，打破「詩莊詞媚」的框架，更值得後人的稱許。他在寫詩時，常將題目以散文化的方式注明，這在當時已是特例，在填詞時，他也會在詞牌下寫個小注，做為詞的題目，稱「子題」，其實是寫明了詞作的真正題目，這是形式的創新。至於擴大詞的範圍，內容含括：詠史、田園等，開創了豪放詞派，後人將辛棄疾與他並稱，號為「蘇辛」，可說為文學史寫下了輝煌的一頁。

他的書法：取法於顏真卿，並獨創一格，與「黃庭堅、米芾、蔡襄」並稱「宋代四大書法家」。傳世名作為〈黃州寒食詩卷〉。他的繪畫，以畫竹聞名，且以湖州畫派的文同為師，並稱「文蘇」，〈枯木怪石圖〉等書法、繪畫作品，至今還典藏在故宮博物院。至於詩文評論，更是一絕。他評陶潛詩：「質而實綺，癯而實腴。」評王維詩：「觀摩詰之畫，畫中有詩；味摩詰之詩，詩中有畫。」評元稹、白居易詩：「元輕白俗。」評孟郊、賈島詩：「郊寒島瘦。」而且在宋代力倡「李杜齊名」，這些評論，一語中的，可以說到後世都成為定論，可見他以一己創作的經驗，來看前賢的作品，當然是見解獨到了。

不為世人熟知的，還有他的藝文創新作法。他不但畫竹，而且還創「朱竹圖」，以硃砂作畫，源於蘇軾。北宋神宗時期，有一些詩人、文學家、書法家、藝術評論家等提出「士夫畫」的說法，認為「士夫畫」高於宮廷院士的「畫工」。蘇軾建立了「士夫畫」的理論：「論畫以形式，見與兒童鄰。賦詩必此詩，定知非詩人。詩畫本一律，天工與清新。」他們作畫不求形式，追求主觀情趣的表現，因此稱為「墨趣」，代表的畫家是文同、蘇軾、米芾，蘇軾也明確提出只有士大夫的畫才能達到「氣韻生動」，

這就是後世「文人畫」[26]的起源。

　　蘇軾是如何做到全方位創新的？這不得不從宋代的文壇說起。北宋古文家多儒者，不若唐代之重文辭，歐陽修、蘇軾將儒學的理論，轉化為文學的性質，為文主平易自然、意到詞達，因此重視的是將孟子所說的「養心中浩然之氣」為「文氣」，蘇軾詩文的創新，也就是人格高尚的展現。北宋文人重氣節，因此，像蘇軾這樣偉大的文學家，對於儒學的底蘊可說是發揮到極致。**「致君堯舜上，再使風俗淳」、「丈夫重出處，不退要當前」**[27]，就是這樣的使命感，使得蘇軾盡情的展現自己的才學，毫不在意他人的眼光。這樣的個人特質，充斥在他的詩文創作中，當然是閃耀著獨特的光芒。北宋文人能達到全方位作家的，也就只有蘇軾一人了。

　　蘇軾本著振興文壇的使命，對於宋詩也有一定的想法。他洞察到晚唐詩的重文辭、主怪奇，於是取精用宏，推陳出新。以散文入詩、以詩入詞，在傳統的古詩創作上，融入了大量的口語、虛字、俗語，活化了詩詞的生命。北宋文壇，能大量創作詞，而不落入婉約詞約束的，就屬「蘇黃」了。秦觀詞作一入婉約，蘇軾馬上指出其學「柳永」之詞[28]，即說明了蘇軾認為詞不獨只是婉約一途，還可以有「豪放」一派。這在當時的文壇，仍是一項新的嘗試，蘇軾能獨排眾議，以身試「詞」，即源於他的不守舊、不因襲，胸中有萬卷書，筆下無一點塵的見識。

26　參見〈文人畫的興起〉，《中國繪畫藝術》，搜尋日期：2016 年 6 月 29 日，網址：http://hk.chiculture.net/0511/html/c11/0511c11.html。

27　王文誥、馮應榴輯註《蘇軾詩集》卷 5，（臺北：學海出版社，1983 年元月），頁 215。

28　當秦觀入京，蘇軾對他說：「久別當作文甚勝，都下盛倡公『山抹微雲』之詞。秦遜謝，坡遽云：『不意別後，公卻學柳七作詞。』」可見秦觀亦不能免俗，視婉約為詞之正宗。

　　蘇軾詩文的創新，不是僅憑著天生的才能，而有的是後天的努力。「腹有詩書氣自華，讀書萬卷始通神」[29]、「舊書不厭百回讀，熟讀深思子自知」[30]，他的戮力讀書、作詩不輟，既能嫻熟經典，又能出入諸子，才是他觸處生春的秘訣。他的樂易天性、廣交詩友，也使他有談文論藝、切磋書藝的機會，提供他藝文創作的靈感。因此，「讀萬卷書，行萬里路」，給了他創作的靈感與機會，這也是他充滿創意的原因。

　　大抵在探究人類創意時，都會提到：除了對書面語的敏覺、流暢、變通、獨特、精密度要足夠之外，富含想像、勇於挑戰、充滿好奇、敢於冒險，也是重要的特質。蘇軾才學自不在話下，對於書面語的駕馭又能「左抽右旋，無不適意」，加上生性好奇、積極應世，所以正符合人類的創意條件。透過他對北宋文壇的了解，他知道自己引領著北宋文壇，代表的是宋代散文的骨幹、宋詩的代表、宋詞的創新者、北宋書法家之一，以及「文人畫」的發起者，所以，他品評前賢的作品，提出書畫的創新理論，都是有意為之，而充滿自覺的。因為有這樣的自覺，所以他義無反顧，以一生創作，來展現他創新的決心。

　　他總結一生的創作，提到了「問汝平生功業，黃州、惠州、儋州」[31]，這其中有極深的意涵。孟子說：「人之有德慧術知者，恒存乎疢疾。獨孤臣孽子，其操心也危，其慮患也深，故達。」[32]蘇軾的三次被貶謫，是上天賜給他憂患，來讓他強化信念，且提

---

[29] 王文誥、馮應榴輯註《蘇軾詩集》卷 5，（臺北：學海出版社，1983 年元月），頁 221。

[30] 王文誥、馮應榴輯註《蘇軾詩集》卷 6，（臺北：學海出版社，1983 年元月），頁 247。

[31] 王文誥、馮應榴輯註《蘇軾詩集》卷 48，（臺北：學海出版社，1983 年元月），頁 2641。

[32] 趙岐註、孫奭疏《十三經註疏·孟子》（臺北：藝文印書館，1981 年元月），頁 232。

供他詩材。因此，黃州詩奠定了他多變的詩風，惠州詩使他深入風俗民情，儋州詩使他成就天人合一的精神高度。一句「九死南荒吾不恨」，這是要看透多少政治升沉、文壇興衰，才能體悟到的「圓滿人生」啊！所以，我們認為蘇軾之所以蔚為大家，有時代、社會環境的外緣因素，也有他個性、性情和自我省思的內在因素。

肆、結語

蘇軾在詩文上的創新，代表的是一位詩人外在應世的機變，與內在自我期許的對話。北宋文壇在經歷唐代古文運動之後，晚唐一股美文辭、重藻飾的詩風又起，他在歐陽修的提倡「以散化駢」之下，肩負起振興北宋文壇的重責大任，同時，奠定了宋詩與唐詩相庭抗禮的基礎。在神宗支持王安石時變法的動盪環境中，黨爭不斷的傾軋下，他仍保有清醒的頭腦，不間斷他的詩文創作，如果不是高度的自覺，又怎能堅持到底？

除了具有廓清時局的理想，還有為北宋文壇樹立詩風的使命，其實蘇軾作詩填詞，全出自胸臆。胸中有言，不吐不快，是他的個性；樂易知命，達觀心態，一方面是景仰前賢，如韓愈、白居易等，一方面是看盡官場的冷暖，看盡人情之反覆。他從創作中尋得慰藉，從評論藝文中獲得救贖，才不至於走入死胡同。尼采說：「宇宙全是罪孽，人生全是苦痛，如從道德的觀點去看它們，它們就簡直應該毀滅；但是，如果從藝術的觀點看，這罪惡貫盈的世界和人生，實在是一幅驚心動魄的、莊嚴、燦爛的圖畫。」[33]蘇軾創作詩詞文賦，心中所見應也是將這光怪陸離的世界，看作是一幅美麗的圖畫吧！

---

[33] 朱光潛《文藝心理學》，（臺北：大夏出版社，2001 年 4 月），頁 118。

　　本文探討了蘇軾詩文創新的原因，歸結於蘇軾才學識的展現，全方位的思索創新之道，與夫外緣與內因，企盼能為今後研究蘇軾詩文者，提供一些線索。

　　尤其是他本身所具備的創新因子，更值得我們注目。我們若希望能與蘇軾一樣，在詩文有所創新，那麼，在具備天分之下，還必須琢磨文學的四大要素：感情、內容、形式和想像[34]。蘇軾情感直率，所創作的詩文富有「清雄之氣」，內容無所不包，出入經史，兼容並蓄，而對於詩詞的形式，也了然於心，加上想像聯翩，譬喻鮮活，所以為世人所喜。

　　時至今日，當我們高歌「大江東去」，低吟「明月幾時有」，行走在雨中竹林，想起「莫聽穿林打葉聲」，自然的升起一股暖意。那是「一尊還酹江月」的清醒，那是「但願人長久，千里共嬋娟」的企盼，那也是「歸去，也無風雨也無晴」的豁達。這些都是蘇軾的創新精神，給予世人無限的瑰寶。

---

[34] 參見拙著《文學論簡編》，（臺北：書銘出版社，1989 年 2 月），頁 21。

08

蘇軾黃州詞人生哲學的探究

摘要

　　蘇軾詩詞膾炙人口，其中承載諸多哲學思想，頗值探究。本文從蘇軾的黃州詞，提取代表作品，將他當時的人生哲學，作一探析。黃州詞經常出現「人生如夢」的感慨，「明月多情」的懷想，以及對自我過往的反思，這些在我們人生低潮時，可資借鏡。研究發現，黃州詞很清晰的傳達蘇軾的心路歷程，也涵蓋他儒、釋、道三個生命路向的縮影。在人生遭逢困境的時候，蘇軾選擇更好的自己、選擇發揮自己的潛能，傳達美善的概念，以一己之力影響周遭環境，讓人群社會更美好。他以文學自我實現，自我圓滿，對我們有所啟發：遭遇困境之時，我們是否也可以像他一樣，甚至比他更超然呢？

關鍵詞：蘇軾、黃州詞、人生哲學

壹、前言

　　蘇軾黃州詞的重要性，在於提供了現代人自我省思的途徑。蘇軾以才名太高致禍，神宗因「本朝未嘗殺士大夫」為戒，因此君臣之間得以一種「看似無情卻有情」的方式，維持平衡[1]。蘇軾到了黃州，上表自言「惟當蔬食沒齒，杜門思愆。深悟積年之非，永惟多士之戒。貪戀聖世，不敢殺身。庶幾餘生，未為棄物。若獲盡力鞭箠之下，必將捐驅矢石之間。指天誓心，有死無易。」[2]在這裡指出他自我反思的作法，這也是他深思熟慮後的決定。

　　蘇軾在〈黃州安國寺記〉裡提到一段話，表明了他的心境：

> 二月至黃，館舍粗定，衣食稍給，閉門卻掃，收召魂魄，退伏思念，求所以自新之方。…得城南精舍曰安國寺，有茂林脩竹，陂池亭榭，間三日輒往。焚香默坐，深自省察，則物我兩忘，身心皆空，求罪垢所從生，而不可得，一念清淨，染汙自落，表裡脩然，無所附麗，私竊樂之，旦往而暮還者，五年於此矣！[3]

他在黃州五年，確實過著自我省察的日子，焚香靜坐，使他收召魂魄，與自己有更深一層的對話，終於在生命遇到困境時，得到自我的解脫。

　　就是因為這樣的心境，這樣的深入反省，蘇軾始終存在著報效朝廷的心，也因為自我期許很深，所以他常存在孤獨感，甚至

---

[1] 參見《經進東坡文集事略・黃州謝表》，(臺北：世界書局，1975 年 1 月再版)，頁 406。
[2] 同註 1，頁 407。
[3] 同註 1，〈黃州安國寺記〉，頁 872。

追問「我是誰？」、「我為何而生？」、「我如何圓滿這一生？」這等等的問題，醞釀了黃州詩詞。

本文從他的黃州詞，探究他在當下的心情，並從他這時期的體悟，摘取其中精華，提供後人參酌。其目的在於現代人抗壓能力有限，往往一不如意，憂鬱成疾，或未能善自解脫，墜入痛苦的深淵。蘇軾化苦為樂、追求藝術創作，恰足以成為吾人的借鏡。

貳、蘇軾詞中的自我認同

自我認同是一個人對自我價值的評判，它通常來自於日常生活中對自己的看法。這些常在我們日常中出現的自我印象和經驗，日積月累成為我們對自己的評價，也就是自我的認同感[4]。人在遭逢挫折和失敗的時候，通常會懷疑自己，有的甚至怨天尤人，這是因為不能面對自己，連帶著開始埋怨他人、埋怨環境，嚴重的會埋怨社會、國家，形成反社會人格。

一個人若不能擁有令自己滿意的自我評價，他的能力必不能充分發揮，而一個滿意自己的人，也對人生抱持著正面且積極的態度，較能信心十足的接受任何挑戰，並勇於面對自己。蘇軾被貶謫黃州時，他並沒有怨天尤人；相反的，他的表現呈現出接受自己的現況，積極的承擔責任，並且對未來展現出熱愛與希望，可以說是一種高度自我認同的表現。在他的眼中，自己是一隻孤鴻，為了理想，願意承受孤獨和寂寞，靜待未來的發展。〈卜算子〉即是這種心情的反映：「缺月挂疏桐，漏斷人初靜。誰見幽人獨往來，縹緲孤鴻影。驚起卻回頭，有夢無人省。揀盡寒枝不肯

---

4 〈自我認同是一個人對自我價值的評量〉，搜尋日期：2018 年 8 月 20 日，取自於：http://www.nhps.tp.edu.tw/921/course/self01.htm。

棲，寂寞沙洲冷。」⁵自從貶謫以來，蘇軾身無所寄與孤高的心境，形成自我的意識。他以孤鴻自況，即是了解到自己不同於他人，他擁有詩人的特質，可以從事藝術創作，同時也有孤高的志向，想要一展長才。這首詞中的「有夢無人省」，正是「詞眼」⁶，點出他在如夢的人生裡，理想尚未實現的悵惘。

蘇軾以孤鴻自喻，是希望有一天能大展長才，報效朝廷，然而初到黃州的處境，理想似乎又遙不可及，因此興起了「人生如夢」的感嘆。從表面上來說，他的夢虛空似幻，但實際上也透露出他在此時已有了「自我認同」，對自己充滿了信心。

然而蘇軾是明白自己處境的，內心隨著季節的轉移，清楚的記載著自己貶謫生活的感受。到黃州的第一年，元豐三年七夕夜他寫下了〈菩薩蠻〉：「風迴仙馭雲開扇，更闌月墮星河轉。枕上夢魂驚，曉來疏雨零。相逢雖草草，長共天難老。終不羨人間，人間日似年。」⁷這裡要注意的是「枕上夢魂驚」和「人間日似年」兩句，這是蘇軾經歷「烏臺詩案」的驚嚇，以及對實際生活的感受。同年的〈西江月〉，在黃州的第一個中秋節，他也提到：「世事一場大夢，人生幾度新涼。夜來風葉已鳴廊，看取眉頭鬢上。酒賤常愁客少，月明多被雲妨。中秋誰與共孤光，把琖淒然北望。」⁸「人生如夢」這個主題，在此進入蘇軾心中，而明月的意象，也成了蘇軾自我的寫照。蘇軾在此懷念汴京的生活，也看得出他謫居生活的淒涼心境。

隔一年的九月重陽節，蘇軾有〈南鄉子〉詞，抒發人間如夢的感慨，又更深一層。詞云：「霜降水痕收，淺碧鱗鱗露遠洲。酒

---

⁵ 《蘇軾全集校註，〈詞集〉》，(石家莊：河北人民出版社，2010 年 6 月)，頁 249。

⁶ 在此指全詞中最精彩或最關鍵的字眼。

⁷ 同註 5，頁 260。題為〈七夕黃州朝天門上二首〉。

⁸ 同註 5，頁 262。題為〈黃州中秋〉。

力漸消風力頓，颼颼，破帽多情卻戀頭。佳節若為酬，但把清尊斷送秋。萬事到頭都是夢，休休，明日黃花蝶也愁」[9]「萬事到頭都是夢」是蘇軾對自己的提醒，如果自己無法報效朝廷，那就當人生如夢，斷送這美好的清秋吧！黃蓼園引沈際飛語：「東坡升沉去住，一生莫定，故開口說夢。如云『人生如夢』，『世事一場大夢』，『未轉頭時皆夢』，『古今如夢，何曾夢覺』，『君臣一夢，今古虛名』，屢讀之，胸中鄙吝自然消去。」[10]如果說夢是人們在現實生活中不能實現願望的投射，那麼這一段黃州貶謫的日子，蘇軾投射的，正是對自我期許的失望，也因為他還有夢，所以他深知自己是誰，為何而生。

蘇軾既然了解到心願未了，然而現實生活又不允許他一展長才，於是他只好自我安慰，暫且漠視這樣無奈的處境。他的〈定風波〉就表達了這樣豁達的心情。詞云：「莫聽穿林打葉聲，何妨長嘯且徐行。竹杖芒鞋輕勝馬，誰怕？一生煙雨任平生。料峭春風吹酒醒，微冷，山頭斜照卻相迎。回首向來蕭瑟處，歸去，也無風雨也無晴。」[11]這闋詞寫於元豐五年三月七日，雖描寫的是沙湖道中遇雨的情景，卻也流露出在無可奈何之下，只能樂觀面對、淡然處之了！

若說蘇軾在黃州，只有苦悶，沒有可喜之事，那倒也未必。凡事都有正反的兩面，蘇軾雖遠離官場，但他能自得於田園山水之中，大自然的洗禮，顯然給了他美好的感受，黃州詩詞裡，也有許多田園之樂的詞。好比〈南歌子〉：

9　同註 5，頁 322。題為〈重九涵輝樓呈徐君猷〉。
10　唐圭璋《詞話叢編・蓼園詞話》，(臺北：廣文書局，1967 年)，頁 3046。
11　同註 5，頁 351。題為〈三月七日，沙湖道中遇雨。雨具先去，同行皆狼狽，余獨不覺。已而遂晴，故作此〉。

> 日出西山雨，無晴又有晴，亂山深處過清明。不見綵繩花板細腰輕。盡日行桑野，無人與目成，且將新句琢瓊英，我是世間閒客，此間行。（其一）

> 帶酒衝山雨，和衣睡晚晴，不知鐘鼓報天明。夢裡栩然胡蝶一身輕。老去才都盡，歸來計未成，求田問舍笑豪英，自愛湖邊沙路免泥行。（其三）[12]

這兩闋詞，是蘇軾到了黃州以後，躬耕隴畝的田園樂。貶謫生活裡，能做世間閒客，可以求田問舍，未嘗不是另一種快樂。在這裡，蘇軾已明白自己如何圓滿自己的一生，那就是若未能奉獻所學，那就老實度日吧！畢竟比起他人，他已經是幸運的了。他在〈哨遍〉和陶淵明〈歸去來詞〉中，表達了自我的醒悟：「觀草木欣榮，幽人自感，吾生行且休矣！念寓形宇內復幾時？不自覺皇皇欲何之？委吾心去留誰計，神仙知在何處？富貴非吾志，但知臨水登山嘯詠，自引壺觴自醉。此生天命更何疑，且乘流遇坎還止。」[13]就是這樣「知足常樂」的心態，使他對人生有了更深一層的體悟。至此，他已經了解「臨水登山嘯詠，自引壺觴自醉」，隨順天命，可以圓滿此生，因此說出了「我今忘我更忘世」之語；但是，隱約之中，彷彿有一個聲音在召喚著他。

醞釀一闋好詞，有內容和形式上的條件。文學中的思想、感情，是作品內容的骨幹，而形式和趣味，乃構成作品的血肉。蘇軾在寫下千古絕唱的〈念奴嬌〉之前，是醞釀多時的靈感，而後才一觸即發的，他「人間如夢」的想法，絕非偶然。

---

[12] 同註 5，頁 354。

[13] 同註 5，頁 378。題為〈陶淵明賦「歸去來」，有其詞而無其聲。余既治東坡，築雪堂於上，人俱笑其陋，獨鄱陽董毅夫過而悅之，有卜鄰之意。乃取「歸去來」詞，稍加隱括，使就聲律，以遺毅夫，使家僮歌之。時相從於東坡，釋耒而和之，扣牛角而為之節，不亦樂乎〉。

　　蘇軾在元豐五年七月，赤壁懷古，以周瑜自況，寫下了千古絕唱〈念奴嬌〉：

> 大江東去，浪淘盡、千古風流人物，故壘西邊，人道是三
> 國周郎赤壁。亂石崩雲，驚濤裂岸，捲起千堆雪。江山如
> 畫，一時多少豪傑。遙想公瑾當年，小喬出嫁了，雄姿英
> 發。羽扇綸巾談笑間，檣櫓灰飛煙滅。故國神遊，應笑我
> 早生華髮。人間如夢，一尊還酹江月。[14]

這闋詞是蘇軾在貶謫生活裡，想要圓滿自己一生的另一個面向：
有生之年，但願能像周瑜建功立業，成為歷史上的風流人物。詞
從千古人物發想，指出赤壁之戰是如此壯烈，造就了周瑜的一世
英名。想像中，周瑜年紀輕輕就意氣風發，自己遭貶謫而一事無
成，建功立業更待何時，不禁又再興起「人間如夢」的感慨。儒
家勉勵讀書人奉獻才能，這一生不要虛度，然而這當中有多少因
緣際會？每個人都想在這一生建功立業，歷史上能留名的卻寥寥
可數，所以能成為英雄人物的，也並非易事。

　　蘇軾當然想要如周瑜一般，有建功立業的機會，何況他自知
在才學方面，年少即有盛名，要在歷史留名也不無可能。因此在
詞的形式上，他掌握仄聲韻的雄渾悲壯，用字精準；在詞的內容
上，他以詠史的角度，勾勒出年少周瑜的雄心壯志，來對比自己
的老去無成，自嘲中有多少無奈，卻也寫出了他渴望報效朝廷的
心情。

　　在這一切懷想都無法實現之下，蘇軾的心情是沮喪而苦悶的。
他的〈滿庭芳〉詞云：

> 蝸角虛名，蠅頭微利，算來著甚乾忙？事皆前定，誰弱又
> 誰強？且趁閒身未老，須放我些子疏狂。百年裡，渾教是

14　同註 5，頁 391。題為〈赤壁懷古〉。

醉，三萬六千場。思量能幾許，憂愁風雨，一半相妨，又
何須抵死，說短論長？幸對清風皓月，苔茵展，雲幕高張。
江南好，千鐘美酒，一曲〈滿庭芳〉。[15]

借酒澆愁，只因為在求自我圓滿的路上，風雨憂愁；自此領悟事
皆前定，也才願說服自己順其自然。黃州既是蘇軾自我追尋的重
要關鍵，也是他深自反省後，了解到人世間無奈的根苗。他的黃
州詞，清楚的反應他此時的轉折，同時也對於「明月多情」，有
了更細膩的描繪。

　　蘇軾在黃州的自我認同，從初貶時的收歸魂魄、自我反省，
到躬耕隴畝、田園之樂，再到建功立業的渴望，回歸到凡事有命
的領悟，已回答了我是誰、我因何而生、我如何圓滿此生的疑惑。
此後，他重回朝廷執掌誥命，再貶惠州、儋州，全都知命、順命，
這是黃州對他的重大意義，而黃州詞的生命追尋，是每一個人都
會經歷的過程，它也奠定了蘇軾自我認同的基石。

參、蘇軾黃州詞中的哲學思維

　　蘇軾在〈念奴嬌〉裡，自嘲一事無成，然而在他的〈前赤壁
賦〉，卻道出了自己對人生的看法，以及他對人生所採取的態度。
文末結語曰：

客亦知夫水與月乎？逝者如斯，而未嘗往也。盈虛者如彼，
而卒莫消長也。蓋將自其變者而觀之，天地間曾不能以一
瞬，自其不變者而觀之，則物與我皆無盡也，而又何羨乎？
且夫天地之間，物各有主，苟非吾之所有，雖一毫而莫取。
惟江上之清風，與山間之明月，耳得之而為聲，目遇之而

---

[15] 同註 5，頁 412。

成色，取之無禁，用之不竭，是造物者之無盡藏也，而吾
與子之所共適。[16]

變與不變、盈與虛、得與失，都是相對的概念，它們也都是理性
思辨下的產物。西方哲學家蘇格拉底以降，都圍繞在理性邏輯的
辯證，他們認為思辨可以把握「實在」，而理性邏輯的辯證也是
變滅不常的具體事物的依據[17]。蘇軾的理性思辨，以其變思其不
變，了解到大自然的真實狀態是無形、無象、無作意、無雜染，
而實備萬理，因而闡發了「超然物外」的想法。

　　生活中的苦悶，造成了蘇軾在精神上的自我解脫，這不能不
歸功於理性之思辨。他在創作中，尋得了盡己之性，無愧人我的
方向，同時追求道德上極純潔崇高之價值。他的儒家思想，策勵
他奮勇向前；他的道家思想，要他回歸自然；他的佛家思想，告
訴他人生虛幻，有情與無情、變化與不變，俱是因緣成熟，無法
強求。最終蘇軾明白「苟非吾之所有，雖一毫而莫取」的真諦，
不再將得失看成是人生成敗的關鍵。

　　我們從東坡元豐二年到七年間貶謫生活裡，看到的是他的哪
些哲學思維呢？首先是脫離生活的困境，在逆境中仍要保持豁達
與達觀。他的〈南鄉子〉一方面懷想故鄉，另一方面透漏了他的
豁達。詞云：「晚景落瓊杯，照眼雲山翠作堆。認得岷峨春雪浪，
初來，萬頃蒲萄漲淥波。春雨暗陽臺，亂灑歌樓施粉顋。一陣春
風來捲地，吹迴，落照江天一半開。」[18]這是他元豐四年春天所作，
蘇軾自言：「臨皋亭下八十數步，便是大江，其半是峨眉雪水，
吾飲食沐浴皆取焉，何必歸鄉哉？江山風月，本無常主，閒者便

---

[16] 同註1，頁3。
[17] 參見熊十力《十力語要》卷3，(臺北：洪氏出版社，1975年9月出版)，頁
418。
[18] 同註5，頁287。題為〈黃州臨皋亭作〉。

是主人。」[19]只要從生活中取得一丁點情感上的聯繫，蘇軾都能保持豁達的心情去看待，從而在生活中找到樂趣，那麼，一切的苦都顯得微不足道。這是佛家的觀照坦然，帶給他的鎮定與安心。

其次，是將生活過得多采多姿，與田夫野老耕田飲酒，從中消解苦悶，使生活輕鬆。他的〈西江月〉，即是描寫黃州蘄水道中山村月夜的優美風光，同時，表達瀟灑自在的鄉間生活。詞云：「照野彌彌淺浪，橫空隱隱層霄。障泥未解玉驄驕，我欲醉眠芳草。可惜一溪風月，莫教踏碎瓊瑤。解鞍欹枕綠楊橋，杜宇一聲春曉。」[20]「我欲醉眠芳草」和「解鞍欹枕綠楊橋」，傳達的是蘇軾不拘時地的自在瀟灑，顯然的，在開墾東坡之後，他已融入了農民的生活，且與農村生活融為一體，十分輕鬆自在了！然而，這是經歷痛苦折磨之後的超脫，他表達的是一種達觀的生活態度，隨遇而安，不受羈絆，才能入乎世後又出乎世，展現人生的高度成熟。

最終成就蘇軾的，是他的道家思想。道家自然無為、任情天真，給蘇軾自由瀟脫的心靈，能面對人世的短暫，而盡情的享受生活。蘇軾的詞打破了當時柳永的「情詞」，而一改為言志載道的「理詞」，之所以會成功，全在於他的哲學思維。道家的成敗皆空、順流而化，使得蘇詞展現的，皆是自由瀟脫的內容，充滿濃厚的個人色彩。他在〈後赤壁賦〉裡，透漏了這樣的訊息。賦云：

> 時夜將半，四顧寂寥，適有孤鶴，橫江東來，翅如車輪，元裳縞衣，戛然長鳴，掠予舟而西也。須臾客去，予亦就睡，夢一道士，羽衣翩仙，過臨皋之下，揖予而言曰：「赤

---

[19] 蘇軾《東坡志林・臨皋閑題》，(北京：京華出版社，2000年第一版)，頁60。
[20] 同註5，頁364。題為〈頃在黃州，春夜行蘄水中。過酒家飲酒醉。乘月至一溪橋上，解鞍曲肱，醉臥少休。及覺已曉，亂山攢擁，流水鏘然，疑非塵世也。書此語橋柱上〉。

壁之遊樂乎？」問其姓名，俛而不答。嗚呼噫嘻，我知之矣，疇昔之夜，飛鳴而過我者，非子也耶？道士顧笑，予亦驚悟，開戶視之，不見其處。[21]

鶴與道士，猶如蝴蝶與莊周，蘇軾在現實裡不能解脫時，即寄寓精神的全然自由，這種「化苦為樂」的超脫，即是他在人生低潮時，企圖轉化心態，追求積極面對人生的一種做法。

蘇軾在黃州貶所時，主要居住地是黃州城南江邊。當他生活苦悶時，除了借酒澆愁，有時也感到倦怠。在他的〈臨江仙〉詞裡，把他內心的想望寫得極其真切。詞云：

夜飲東坡醒復醉，歸來髣髴三更。家童鼻息已雷鳴，敲門都不應，倚杖聽江聲。長恨此身非我有，何時忘卻營營？夜闌風靜縠紋平。小舟從此逝，江海寄餘生。[22]

厭倦了浮生若夢，有時幻想著浪跡江湖，可見現實世界裡的殘酷，不是一般人可以承受的，當然逃避也是一種方式，但蘇軾想逃避的心理，是偶而出現的，大部分時間他都選擇面對。於是，農居的生活大大的安慰了他的心，他學會在大自然中汲取營養，培養樂趣。〈鷓鴣天〉化無情為有情的天地，而云：「林斷山明竹隱牆，亂蟬衰草小池塘。翻空白鳥時時見，照水紅蕖細細香。村舍外，古城旁，杖藜徐步轉斜陽。殷勤昨夜三更雨，又得浮生一日涼。」[23]生活中盡是美好的感受，尤其是「殷勤」二字，將心中對大自然的無私照拂，刻劃得十分生動。當然，這也是蘇軾主觀的認為「雨」是多情的，彷彿為他洗淨了暑氣。就是這樣的心境，這樣豁然開朗的思維，使他開始感受到無往而非樂的境界。

---

[21] 同註 1，〈後赤壁賦〉，頁 5。
[22] 同註 5，頁 409。題為〈夜歸臨皋〉。
[23] 同註 5，頁 429。

　　元豐六年閏六月，張懷民築亭在黃州城南江畔，蘇軾為題「快哉亭」，做〈水調歌頭〉：

> 落日繡簾捲，亭下水連空。知君為我新作，窗戶濕青紅。
> 長記平山堂上，敧枕江南煙雨，渺渺沒孤鴻。認得醉翁語，
> 山色有無中。一千頃，都鏡淨，倒碧峰。忽然浪起，掀舞
> 一葉白頭翁。堪笑蘭臺公子，未解莊生天籟，剛道有雌雄。
> 一點浩然氣，千里快哉風。[24]

這闋詞藉寫「快哉亭」，表現逸懷浩氣，其中不乏議論。蘇轍在
〈黃州快哉亭記〉提到：「士生於世，使其中不自得，將何往而
非病；使其中坦然，不以物傷性，將何往而非快？」[25]這個說法和
蘇軾的〈超然臺記〉「超然物外」適足以相呼應。「一點浩然氣，
千里快哉風」，蘇軾在此時想到的，是儒家的思維。《孟子》的
「吾善養吾浩然之氣」[26]提到只要一點至大至剛的天地正氣，就可
以感受到千里吹來的「快哉風」。至此，生活中只剩下大自然的
慰藉，少了淒清的感受；只剩下朋友手足的溫暖，而不再有孤單
的念頭。

　　蘇軾在元豐六年秋，有〈臨江仙〉一詞，提到了雪堂生活的
安樂自適，同時也與蘇轍有深入的對話。他說：「詩句端來磨我鈍，
鈍錐不解生鉒。歡顏為我解冰霜，酒闌清夢覺，春草滿池塘。應
念雪堂坡下老，昔年共採芸香。功成名遂早還鄉。回車來過我，
喬木擁千章。」[27]這闋詞寫於蘇轍在筠州為郡僚所捃之時。蘇軾有
〈聞子由為郡僚所捃，恐當去官〉，以詩相慰。另外，蘇軾還有
〈初秋寄子由〉，描寫兩兄弟相處的情形：「百川日夜逝，物我相

24　同註 5，頁 431。題為〈黃州快哉亭贈張偓佺〉。
25　蘇轍〈欒城集〉卷 24，(上海：新華書局，1987 年一版)，頁 512。
26　《十三經註疏·孟子·公孫丑》上，(臺北：藝文印書館，1981 年 1 月)，頁
　　54。
27　同註 5，頁 451。

隨去。惟有夙昔心，依然守故處。憶在懷遠驛，閉門秋暑中。藜
羹對書史，揮汗與子同。……買田秋已議，築室春當成。雪堂風
雨夜，已作對牀聲。」[28]從詩中看出兩兄弟求學時的親密，還有相
約早退，為閒居之樂的約定。相較於詩，他的〈臨江仙〉詞，更
直言「功成名遂早還鄉」，可見這是他們兩兄弟最大的心願，要
一起活到老，到老還能享受閒居之樂。

蘇軾在得知要離開黃州到汝州時，寫下了〈滿庭芳〉，這闋
詞是他總結黃州五年的生活，並表達他對黃州的依依不捨。

> 歸去來兮，吾歸何處？萬里家在岷峨，百年強半，來日苦
> 無多。坐見黃州再閏，兒童盡楚語吳歌。山中友雞豚社酒，
> 相勸老東坡。云何？當此去，人生底事，來往如梭。待閒
> 看秋風，洛水清波。好在堂前細柳，應念我莫剪柔柯。仍
> 傳語江南父老，時與曬漁蓑。[29]

詞中提到「好在堂前細柳，應念我莫剪柔柯」，這是自我認同的
說法。蘇軾在黃州的貶謫生活，從懷疑自我到肯定自我，再到認
同自我，是有脈絡可循的。

若論蘇軾在黃州詞表現的哲學思維，那就是在逆境中也要保
持樂觀與豁達；在田園耕種生活中，保持心境的愉悅、消解煩惱；
再來是自然無為，任情天真，保持超然的心態看待一切。雖然，
偶而的厭倦會湧上蘇軾的心頭，但幸好這樣的情形不多，他從大
自然的多情得到慰藉，從好友手足得到勇氣，所以他有力量重新
站起來，面對人生賜給他的考驗。

---

[28] 王文誥、馮應榴輯註《蘇軾詩集》卷 22，(臺北：學海出版社)，頁 1169。
[29] 同註 5，頁 459。題為〈元豐七年四月一日，余將去黃移汝，留別雪堂鄰里
二三君子。會李仲覽自江東來別，遂書以遺之〉。

理性的思維是面對現實，在天地間無所逃躲，而是如何與自然共生共榮。對一位三十歲就名滿天下的大文學家來說，黃州的貶謫給了他自我認同的機會，也給了他對未來的希望和想像。黃州詞之所以深入人心，正是他真性情的反映，鼓舞了許多失意的人，讓我們發現自己的可能性，以至於不對人生感到失望。到現在，千載之下，我們彷彿還聽見蘇軾高呼「超然物外」、「一點浩然氣，千里快哉風」呢！

肆、蘇軾黃州詞哲學思想的啟示

蘇軾黃州詞究竟提供人們那些借鏡，使我們的人生可以更美好呢？當我們在讚美他的詞寫得好時，是否同時也對他的人生思維有所關注？黃州詞給了我們人生哪些啟示？這一切答案，牽涉到人生的方向與目的。

人生本有三個路向，一是無限的向外追求，權力慾望屬之；二是無限的向內追求，內外俱寂，如如不動的佛家屬之；三是不偏向外，也不偏向內，盡己之性之謂善的儒家屬之。莊子的有無相生，善惡相對，恰也立在這不偏向外，不偏向內的路向上[30]。蘇軾在黃州的生活，純屬為生存而耕作，然而在創作上，他追求的只是一個字「善」，將美善的事物呈現出來，提供一個和諧的交融，呈現人生美好的樣態。

當他初到黃州時，提到「世事一場大夢，人生幾度新涼」，就已感受到有限的生命不斷的向前行，人生的究竟是一場虛空，若不向外營求，那只有向內追尋了；然而，現實的生活是怎樣的

---

[30] 錢穆《人生十論‧人生三路向》，(臺北：正文印刷公司，1969 年 6 月)，頁 1－8。

呢？「酒賤常愁客少，月明多被雲妨」，當下的自己處境艱難，連生存都成問題了，遑論人生的方向與目的了。

　　幸好生命總會自己找出口，所以痛苦之餘，他選擇轉念。念頭轉向面對現實、適應現實。以往的州縣太守，如今已非當時，求生存已是當務之急，所以他開墾東坡，自號「東坡居士」，也就是告訴自己身分的轉變，心境的調適，是此時此刻最重要的工作。這樣的安身立命，使他的生活免於匱乏，進而追求心靈上更大的自由。他的〈江城子〉傳達了這樣的訊息：「夢中了了醉中醒，只淵明，是前生。走徧人間，依舊卻躬耕。昨夜東坡春雨足，烏鵲喜，報新晴。雪堂西畔暗泉鳴，北山傾，小溪橫，南望亭丘，孤秀聳曾城。都是斜川當日境，吾老矣，寄餘齡。」[31]想像自己與陶淵明一樣，躬耕於隴畝，在大自然的擁抱中，平凡的度日，眼前所見，無非美景。他已調適好自己的心情，準備這樣的度過餘生；但是，人生的追求絕非僅止於此，還有更高的精神文明，那就是藝術家、文學家各自選擇創作，締造了人類的文化。

　　當蘇軾在創作〈念奴嬌〉（大江東去）時，涵攝的是莊子的有無相生，今古相對的慨嘆。蘇軾將自己投射在周瑜的角色上，自問功業何在？人生是否還有希望？那是一種對生命的追求，是對理想的追求，也只有懷抱著希望，才能夠讓創作者堅持向前，永不退縮。他在前〈赤壁賦〉提到「逝者如斯，而未嘗往也。盈虛者如彼，而卒莫消長也。蓋將自其變者而觀之，則天地曾不能以一瞬；自其不變者觀之，則物與我皆無盡也。」[32]即是對理想的不放棄，對美好的無盡追求。他想以有限之個體小我為中心，完

---

[31] 同註 5，頁 344。題為〈陶淵明以正月五日遊斜川，臨流班坐，顧瞻南阜，愛曾城之獨秀，乃作斜川詩，至今使人想見其處。元豐壬戌之秋，余躬耕於東坡，築雪堂居之，南挹四望亭之後丘，西控北山之微泉。慨然而歎，此亦斜川之遊也。乃作長短句，以江城子歌之〉。

[32] 同註 16。

成其對無限宇宙之大自然融為一體的目的，在這樣的前提之下，一定要先使自己成為一個道德崇高之人。

於是我們看到蘇軾以積極的作為，在現實生活中自我實現。他體悟到人之可貴，貴在於人世間能完成自我，貴在於群性中見個性，貴在於共相中見別相。悟道的他寫下了〈減字木蘭花〉：「神閑意定，萬籟收聲天地靜。玉指冰絃，未動宮商意已傳。悲風流水，寫出寥寥千古意。歸去無眠，一夜餘音在耳邊。」[33]雖是聽琴，然而這樣的意境，是自我的最大迴響，萬物與我同體，而我卻渾然在萬籟中，諦聽萬物的呼喚。我們是可以選擇自己、讓自己成為更好的人；這個更好的人，也使人群社會更加的美好，這就是蘇軾的選擇，也就是蘇軾何以千載風流的緣故。

伍、結語

能成就一代大師，不是一件容易的事，黃州何其有幸，有蘇軾的才名光耀至今。蘇軾也何其有幸，能到黃州澄淨心靈，為接下來的人生旅程，做好準備。蘇軾是自覺幸運的，「幸有清溪三百曲，不辭相送到黃州。」[34]到了黃州，生活安定之後，他又自覺幸運，「幸對清風皓月，苔茵展，雲幕高張」[35]，有了這樣的知覺，為他的人生路向留下了希望。

總結蘇軾黃州階段，先是「驚」，受到「烏臺詩案」一百三十天的折磨，驚魂未定。而後是「定」，「定惠院」、「安國寺」的收歸魂魄，讓蘇軾反省自我，明白官場的現實。再者是「樂」，東坡的墾殖，解決了他生活的困境，提升了他的理性，他的心既

---

[33] 同註 5，頁 457。
[34] 同註 28，頁 1027。
[35] 同註 15。

不向外追求，也就回歸到向心中求，離苦而得樂。最後是「超脫」，超然於生活的束縛，得到了精神的自在。黃州的詞，也正印證了他的心路歷程。

若說在黃州時期，是佛家與道家在他身上發揮作用，毋寧說，在人們遇到困境時，很自然的會去尋求宗教的寄託，好讓自己有力量可以前進，蘇軾也不例外。創作詩詞，躬耕隴畝，與鄉間野老、漁樵飲酒為樂，日常裡掃地焚香、禪定靜坐，甚至嚮往神仙，化為飛僊，使他徹底的蛻變，以更曠達的胸襟來接納人間的無奈。

我們既從他在黃州的生活中，了解到他的心路歷程，也就可以反躬自省：我是誰？我為何而生？我如何圓滿此生。蘇軾的選擇是積極面對一切困厄，生活上困頓就拿起鋤犁，老實耕作；精神上有藩籬，就回歸自我，追求美善，超越它的綑綁。他選擇創作，將畢生所學化為詩詞文章、書畫辭賦，度過他的「東坡日夜長」，所以他鮮明的形象，烙印在我們的腦海裡，就是那「竹杖芒鞋輕勝馬，誰怕」的文人形象。

本文從蘇軾到黃州之後，如何自我省察，到自我認同，分析蘇軾在黃州的詞作傳達了那些哲學思維。研究發現，黃州詞很清晰的傳達蘇軾的心路歷程，也涵蓋他儒、釋、道三個生命路向的縮影。在人生遭逢困境的時候，我們可以選擇更好的自己、選擇發揮自己的潛能，傳達美善的概念，以一己之力影響周遭環境，讓人群社會更美好。蘇軾以文學自我實現，自我圓滿，我們是否也可以像他一樣，甚至比他更超然呢？

09

蘇軾常州詩詞探析

摘要

　　蘇軾與常州有深緣，幾度赴常，蘇軾都留下美好的印象，因此無論是經過常州、乞住常州、遷居常州，到最後終老常州，他始終認為常州是宜居之地。本文探討蘇軾有關常州的詩詞，藉以瞭解蘇軾眼中的常州是一個怎樣的地方；常州風物之美、人情之富，又如何得到蘇軾的青睞。常州艤舟亭展現蘇軾親民愛民的一面，他與蔣穎叔的「雞黍之約」，烏臺詩案後乞求常州居住，留下了詩詞，表達了對常州人情風物之懷想，最後他選擇常州為終老之所，這究竟又是怎樣的心路歷程？本文擬爬梳蘇軾與常州的淵源，並以詩詞印證之。

　　關鍵詞：蘇軾詩詞、常州、艤舟亭、雞黍之約

壹、前言

蘇軾與常州的淵源，起初是在宋仁宗嘉祐二年（1057），那一年他進京趕考，進士及第。蔣之奇、單錫、胡宗夫提及江南的秀麗風光，蘇軾心嚮往之。當時，他與蔣之奇在瓊林宴同坐，彼此相談甚歡，甚至有卜居陽羨（宜興）的約定。之後，蔣之奇在神宗朝轉殿中侍御史，元豐二年，為江淮荊浙發運副使[1]。蘇軾自金陵訪求田宅，袁陟當時是真州太守，先以學舍居之，後來蔣之奇為他謀劃宜興置田一事，蘇軾遂有卜常之意[2]。

在此之前，熙寧六年除夜，蘇軾野宿常州城外，寫下了他心中的感受：「行歌野哭兩堪悲，遠火低星漸向微。病眼不眠非守歲，鄉音無伴苦思歸。重衾腳冷知霜重，新沐頭輕感髮稀。多謝殘燈不嫌客，孤舟一夜許相依。」[3]蘇軾羈旅在外，只覺除夕夜裡，聽到的是吳儂軟語，看到的是殘燈遠火，心境淒清而寂寞，不禁想念起在家鄉一家團聚的歡樂。幸好他樂易達觀的天性，很快的轉念，將孤舟殘燈的微弱光影，視為是相伴的知音，很快就尋得了慰藉。

那時，蘇軾任杭州通判，到潤州救災賑饑，經過常州。為了不打擾百姓，在城外孤舟度過除夕夜，每到常州，也經常泊舟於此，如此的親民愛民，到了南宋，百姓因此為他建造了一個亭子，

---

[1] 蔣之奇因劾歐陽修問狀無實，貶監道州酒稅，改宣州。時蘇軾元豐 2 年 2 月徐州太守任，3 月知湖州軍州事。

[2] 蘇慎主編〈蘇東坡與常州——紀念東坡先祖仙逝常州 915 周年〉，（北京市：中國社會出版社，2016 年 3 月），取自於 https://kknews.cc/zh-mo/culture/ggz36y.html。

[3] 參見《蘇軾詩集》卷 11，（臺北：學生書局，1993 年 1 月），頁 533。題為〈除夜野宿常州城外〉其一。

名為「艤舟亭」[4]，作為紀念。到了清朝乾隆皇帝遊江南，為題「玉局風流」，對蘇軾表達敬仰之意，在在都說明了一代文豪蘇東坡在世人心中的地位。

究竟蘇軾與常州是怎樣結下不解之緣的？能被蘇軾選擇做為歸屬之地，必然有其原因。以下剖析蘇軾與常州的淵源，並以蘇軾常州詩詞印證之。

貳、蘇軾與常州的淵源

嘉祐二年（1057），蘇軾與同科進士蔣之奇、單錫、胡宗夫成為好友之後，時有往來。他在〈次韻蔣之奇〉詩云：「月明驚鵲未安枝，一棹飄然影自隨；江上秋風無限浪，枕中春夢不多時。瓊林花草聞前語，罨畫溪山指後期；豈敢便為雞黍約，玉堂金殿要論思。」[5]年少的蘇軾雖然嚮往常州的美麗風光，但一心想報效朝廷，所以不敢輕易的赴「雞黍之約」。之後，他途經常州，與舊友時相往來，感情逐漸升溫的同時，他做了兩個決定：一是將自己的甥女許單錫為妻，二是將蘇轍的女兒嫁給了胡仁修，單錫和胡仁修都是常州人，根據《荊溪外記》和《常州府志》載：「軾愛其賢，以女兄之子妻之。軾每來宜興，常寓單家。」[6]蘇軾曾十多次到常州（附錄一），詳見常州圖書館首頁〈常州古今——東坡和常州〉和〈常州市蘇東坡紀念館〉的記載[7]，除了公務外，大都是遊

---

[4] 參見肖飛、章曉曆《趣聞江蘇》，提及蘇軾曾 11 次到常州，最後終老於常州。南宋時，常州百姓為紀念蘇軾常泊舟於此，而建「艤舟亭」。今在常州市東邊的東坡公園內。

[5] 同註 3，頁 1265。

[6] 同註 1。

[7] 常州圖書館首頁〈常州古今——東坡和常州〉，言蘇軾到常州 11 次，取自於：http://bbs.tianya.cn/post-40-256098-1.shtml 然根據〈常州市蘇東坡紀念館〉的記載，蘇軾共有 14 次的行程。

玩和訪友。

　　烏臺詩案之後，他收歸魂魄，躬耕東坡，開始適應了自食其力的生活。黃州五年，他上表乞常州居住，主要是常州有親朋好友，可以有室家之樂。這期間，蘇軾與友人徐君猷會面，寫下〈西江月〉（龍醅今年絕品）二首、漁家傲（千古龍蟠並虎踞），與秦觀淮上飲別，作〈虞美人〉（波聲拍枕長淮曉），到泗州與劉倩叔遊南山，寫下〈浣溪沙〉（斜風細雨作小寒）、〈行香子〉（北望平川）、〈滿庭芳〉（三十三年）、〈水龍吟〉（古來雲海茫茫）、〈南鄉子〉（千騎試春遊），表達此時「人間有味是清歡」的心情，也自言自己是「江東歸老客」，想到常州安家養老。

　　等到朝廷允許他常州居住，他高興地寫下了〈滿庭芳〉，表達他的心情：

　　　　歸去來兮，清溪無底，上有千仞嵯峨。畫樓東畔，天遠夕陽多。老去君恩未報，空回首，彈鋏悲歌。船頭轉，長風萬里，歸馬駐平坡。無何。何處有？銀潢盡處，天女停梭。問何事人間，久戲風波。顧謂同來稚子，應爛汝，腰下長柯。青衫破，群仙笑我，千縷挂煙蓑[8]。

蘇軾被貶謫到黃州五年，自言「飢寒併日，自厭其餘生」[9]，如今遇赦，將離開漁樵生活，另覓生計。他也說出自己想在常州生活的理由：「自離黃州，風濤驚怒，舉家重病，一子喪亡。今雖已至泗州，而資用罄竭，去汝尚遠，難於陸行，無屋可居，無田可食，二十餘口，不知所歸。…臣有薄田，在常州宜興縣，粗給饘粥，欲望聖慈，許於常州居住。」[10]常州有親友，又有屋舍田產，當然

8　龍榆生《東坡樂府箋》卷2，（臺北：華正書局，1984年6月），頁242。
9　蘇軾撰、郎曄註《經進東坡文集事略》卷25〈謝量移汝洲表〉，（臺北：華正書局，1975年1月），頁409。
10　同註9，〈乞常州居住表〉，頁411。

是蘇軾的不二首選。蘇軾自知家鄉路途遙遠，而黃州亦非久留之地，所以決定要到常州居住，這也是他為子孫謀劃的一步棋。

他在元豐八年五月，寫下了〈歸宜興，留題竹西寺〉三首，表達了欣喜之情。詩云：

> 十年歸夢寄西風，此去真為田舍翁。剩覓蜀岡新井水，要攜鄉味過江東。（其一）
>
> 道人勸飲雞蘇水，童子能煎罌粟湯。暫借藤牀與瓦枕，莫教辜負竹風涼。（其二）
>
> 此生已覺都無事，今歲仍逢大有年。山寺歸來聞好語，野花啼鳥亦欣然。（其三）[11]

蘇軾想像在常州生活，可以躬耕田畝，飲蜀岡水、罌粟湯，何等愜意！加上遊竹西寺時，有父老對蘇軾合掌加額，說：「聞道好箇少年官家」，他心中大樂，寫下了「山寺歸來聞好語，野花啼鳥亦欣然」的詩句，表達他的欣幸之意。

提起蘇軾與常州的淵源，先是第一次在熙寧四年途經常州，直到熙寧六年，當時蘇軾任杭州通判，赴常潤一帶賑災，對常州的風光，十分的喜歡。他的詩寫道：「惠泉山下土如濡，陽羨溪頭米勝珠。賣劍買牛吾欲老，殺雞為黍子來無。地偏不信容高蓋，俗儉真堪著腐儒。莫怪江南苦留滯，經營身計一生迂。」[12]常州宜興縣，即是秦的陽羨縣。〈周益公題跋〉云：「公熙寧中倅杭，沿檄常、潤間，賦詩卜居，蓋權輿於此。」[13]山川風物，民風純樸，是陽羨讓蘇軾著迷的地方，何況有「雞黍之約」，好友相伴，人生

---

[11] 同註3，卷25，頁555。

[12] 同註3，卷11，頁555。題為〈常潤道中，有懷錢塘，寄述古五首〉，此為第五首。

[13] 同註12，查慎行註語。

之樂，莫過於此，因此種下了蘇軾想卜居陽羨的因子。熙寧七年，初遊宜興，總計他在熙寧年間，共四次經過常州，而熙寧六年的常、潤賑災，他停留了約莫半年。

接著是元豐二年，他又兩度經過常州，到了元豐七年，買曹莊田於宜興。他在〈楚頌帖〉云：

> 吾來陽羨，船入荊溪，意思豁然，如愜平生之意，逝將歸老，殆是前緣。逸少云：「我卒當以樂死」，殆非虛言。吾性好種植，能手自接果木，尤好栽培。陽羨在洞庭上，柑橘栽至易得。當買一小園，種橘三百本。屈原作〈橘頌〉，吾園若成，當作一序，名曰〈楚頌〉。元豐七年十月二日書。[14]

他在〈與王定國書〉言：「近在常州宜興買得一小莊子，歲可得百餘碩，似可足食。」[15]可見蘇軾已在常州買田，有日後卜居之意。

元豐八年，蘇軾在常州貶所，歸居宜興。這一次，他從黃州回到宜興，稍作盤旋，寫下了他心裡的感受。在前途未定之時，他是想要作歸田之計的。他的〈踏莎行〉詞云：「山秀芙蓉，溪明罨畫，真遊洞穴滄波下。臨風慚想斬蛟靈，長橋千載猶橫跨。解佩投簪，求田問舍，黃雞白酒漁樵社。元龍非復少時豪，耳根洗盡功名話。」[16]從這首詞中的「罨畫溪」、「長橋斬蛟」，這些都是宜興的景物和故事，足見此時蘇軾在常州。又「解佩投簪」、「求田問舍」，正符合蘇軾買田之說。此時的蘇軾，感覺到年到半百，功業無成，自己已不復有少年之志，因此意興闌珊，從詞中可明顯

---

14 參見石聲淮、唐玲玲箋註《東坡樂府編年箋註》（臺北：華正書局，2005 年9 月），頁 291。

15 參見〈與王定國書〉，《蘇軾全集校註》卷 52，（石家莊：河北人民出版社，2010 年 6 月）頁 5701。

16 同註 14，頁 290。龍榆生《東坡樂府箋》未蒐錄此詞。

見出。另一闋〈菩薩蠻〉也表達了此時的心情:「買田陽羨吾將老,從來不為溪山好。來往一虛舟,聊從造物遊。有書仍懶著,且漫歌歸去。筋力不辭詩,要須風雨時。」[17]這裡說不是為了陽羨溪山好,純粹是為了呼應與弟弟子由的「對床之約」[18]。蘇軾年少時,和弟弟蘇轍有「何當風雨夜,共此對床眠」之約,此時蘇轍移居安徽績溪,特來宜興與蘇軾相會,因此蘇詞中才會有「**筋力不辭詩,要須風雨時**」之語,這時蘇軾對於功名是暫時放下了。總計元豐年間,他共六次途經常州,或在常州短暫停留。

蘇軾沒想到的是,神宗駕崩之後,他得到宣仁太后的青睞,而後有回京做官,報效朝廷的機會。哲宗元祐元年到八年,他一路從中書舍人、翰林學士知制誥兼侍讀,權知禮部、兼禮部尚書、吏部尚書、龍圖閣學士,雖然位高權重,但是面臨黨爭不已,數度自請外任。最後,宣仁太后崩逝,蘇軾被謫知定州,再謫知英州,復貶惠州,他為了顧及家人,將全家安置在常州,只讓蘇過與侍妾朝雲陪他赴嶺南。

嶺南的生活當然苦悶,但也只能苦中作樂。除大量寫和陶詩,飲酒食荔,與友人共遊,就只剩下日常生活的片段了。根據蘇軾自己的心情是:「白髮蕭散滿霜風,小閣藤床寄病容。報道先生春睡美,道人輕打五更鐘。」[19]他感覺自己身體的衰老,無奈地在床上養病,幸好能自我調適,不至於消沉。有一次,蘇軾要朝雲唱

---

[17] 同註 14,頁 293。編年有註云:「近於陽羨買得少田,意欲老焉。尋奏乞居常,見邸報,已許。」。

[18] 同註 3,頁 95。題為〈辛丑十一月十九日,既與子由別於鄭州西門之外,馬上賦詩一篇寄之〉,詩云:「…亦知人生要有別,但恐歲月去飄忽。寒燈相對憶疇昔,夜雨何時聽蕭瑟?君知此意不可忘,慎勿苦愛高官職。」蘇軾與弟弟有對床夜雨之約,即始於此。蘇軾此時在獨山之麓購地築室,蘇轍移安徽績溪知縣,專程從歙州來宜興與兄相會。蘇軾陪弟游張公洞等名勝古蹟,並留下詩文。

[19] 同註 3,卷 40,頁 2203。題為〈縱筆〉。

〈蝶戀花〉詞，朝雲淚濕衣襟，他問朝雲為何傷情，朝雲說，只因「枝上柳綿吹又少，天涯何處無芳草」，令她不能歌。這首詞全詞是：「花褪殘紅青杏小，燕子飛時，綠水人家繞。枝上柳綿吹又少，天涯何處無芳草。牆裏鞦韆牆外道，牆外行人，牆裡佳人笑。笑漸不聞聲漸悄，多情卻被無情惱。」[20]這是悲秋之詞，但朝雲卻自傷已情，使得蘇軾大感詫異。其實「笑漸不聞聲漸悄」，正暗示著生命的消亡，而朝雲不久病逝，蘇軾也終身不再聽此詞。在蘇軾被貶到惠州的生活，大抵如是。被貶謫到海南時，蘇軾聽說子由被貶到雷州，兩個人還同行到雷州，這也是兄弟最後一次的相會。蘇軾在儋州，盡和陶詩，以譴憂悶。到了嶺南，是蘇過陪在他的身邊，照料他的生活起居。當他聽聞子由有第四個孫子，開心地寫道：

> 今日散幽憂，彈冠及新沐。況聞萬里孫，已報三日浴。朝來四男子，大壯泰臨復。開書喜見面，未飲春生腹。無官一身輕，有子萬事足。舉家傳吉夢，殊相驚凡目。爛爛開電眼，硯硯峙頭玉。但令強筋骨，可以耕衍沃。不需富文章，端解耗紙竹。君歸定何日，我計久已熟。長留五車書，要使九子讀。箪瓢有內樂，軒冕無流矚。人言迄似我，窮達已可卜。早謀二頃田，莫待八州督。[21]

蘇軾所喜的是他和子由共有九個孫子，他除了恭喜子由，也寄寓他的期望。當朝雲生下遯兒時，他的〈洗兒戲作〉寫道：「人皆養子望聰明，我被聰明誤一生。惟願孩兒愚且魯，無災無難到公卿。」[22]雖是戲作，卻有無限的祝福，他祝福孩子平安的長大，不要像自己飽受磨難，而能無災無難、平步青雲的享受榮華富貴，然而此

---

20 同註 14，頁 467。
21 同註 3，卷 42，頁 2303。題為〈借前韻賀子由生第四孫斗老〉。
22 同註 3，卷 47，頁 2535。

時他的想法又不同了。他希望孫兒可以強筋骨、務農耕、讀經書，
只要有溫飽的田產即可。當蘇軾想到田產時，常州就是他歸老的
保障了。在那裡，他擁有田產，子孫和樂無諍的在那裡生活，不
致流離失所，因此，他已打算好從儋州回中原時，他要到常州與
親人相會，享受天倫之樂。

宋人方岳的《深雪偶談》提到了建中靖國元年，蘇軾曾在陽
羨買了田宅，然因故返還所購之田宅，而借顧塘橋孫氏居暫住。
文中說：

> 坡公自儋北歸，卜居陽羨，士大夫猶畏而不敢與游，獨士
> 人邵民瞻從學於坡。坡公亦喜其人，時時相與杖策過長橋，
> 訪山水為樂。邵為坡買一宅，為緡五百，坡傾囊僅能償之，
> 卜吉入居。既得日矣，夜與邵步月，偶至村落，聞婦人哭
> 聲極哀。坡徙倚聽之，曰：「異哉，何其悲也！豈有大難割
> 之愛觸於其心歟，吾將問之。」遂與邵推扉而入，則一老
> 婦見坡泣自若。坡公問嫗何為哀傷至是？嫗曰：「吾有一
> 居，相傳百年，保守不動，以至於此。吾子不孝，舉以售
> 人，吾今日遷徙來此，百年舊居，一旦訣別，此吾所以泣
> 也。」坡亦為之愴然。問其故居，所在則坡以五百緡所得
> 者也，因再三慰撫，曰：「嫗之故居，乃吾所售也，不必深
> 悲，當以是居還嫗。」即命取屋券，對嫗焚之，呼其子，
> 命翌日迎母，還舊居，不索其值。自是遂還毗陵，不復買
> 宅。[23]

從以上敘述，可知蘇軾回到中原，即返回江蘇常州，實現他買田
歸老的心願。沒想到他舟車勞頓，病死在常州，終不能實現與親
友同樂的願望。

---

[23] 參見《深雪偶談》，（臺北：廣文書局，1971年9月），頁14。

參、蘇軾與常州相關詩詞概述

北宋熙寧二年（1057年）三月，宋仁宗御崇政殿試進士，蘇軾與蔣之奇、單錫並賜進士及第。蔣之奇字穎叔，宜興人，和蘇軾在瓊林苑時同宴坐，有卜居陽羨之約；單錫字君貺，也是宜興人，蘇軾初次到宜興，就是去拜訪他，而有卜居之意[24]。當時蘇軾只是聽說常州風光好、人情美，是宜居之地。一直到熙寧四年，赴杭州通判任，經過常州。熙寧六年，他在杭州通判，赴常潤賑饑，而有〈除夜野宿常州城外〉詩，接著，熙寧七年二月，初遊宜興，泛荊溪，至單錫家，期間寫〈常潤道中，有懷錢塘，寄述古五首〉。三月遊常州太平寺，有〈常州太平寺觀牡丹〉、〈遊太平寺淨土院，觀牡丹中有淡黃一朵，特奇，為作小詩〉，還有兩首次韻詩，是送周邠長官赴京上任的，詩云：

> 羞歸應為負花期，已見成陰結子時。與物寡情憐我老，遣
> 春吾恨賴君詩。玉臺不見朝酣酒，金縷猶歌空折枝。從此
> 年年定相見，欲師老圃問樊遲。〈其一〉

> 莫負黃花九日期，人生窮達可無時？十年且就〈三都賦〉，
> 萬戶終輕千首詩。天靜傷鴻猶戢翼，月明驚鵲未安枝。君
> 看六月河無水，萬斛龍驤到自遲。〈其二〉[25]

這兩首詩的第一首，在林語堂的《蘇東坡傳》裡，曾說成是蘇東坡暗戀堂妹的故事[26]，但根據蘇軾寫詩必有標題的習慣看來，這兩首詩應是送周邠赴京的詩作。其一因為牡丹開時，蘇軾未能回杭，

---

[24] 參見王文誥《蘇文忠公詩編註集成總案》，卷1（臺北：學生書局，1967年5月），頁484。

[25] 同註3，卷11，頁556。題為〈杭州牡丹開時，僕猶在常、潤，周令作詩見寄，次其韻，復次一首送赴闕〉。

[26] 參見林語堂《蘇東坡傳》〈第十一章詩人、名妓、高僧〉，取自於：http://www.wcai.net/poetry/sudongpo/012.htm。

因此辜負花期，深感歉然，但周邠有賞花詩，在蘇軾看來也是無憾。詩裡期許年年相見，不負花期。其二將花期喻為人生，期許周邠能創作有成，且以自己未能安居，仍待有一展長才之日。值得注意的是「月明驚鵲未安枝」這句話，也曾經出現在〈次韻蔣之奇〉的首句，表示自己還未安定下來，未能有求田問舍的打算。

　　熙寧七年五月，蘇軾的好友錢公輔逝世，他為錢公輔作了哀詞。錢公輔是江蘇武進（常州）人，蘇軾哀詞裡說道：「大江之南兮，震澤之北。吾行四方而無歸兮，逝將此焉止息。豈其土之不足食兮，將其人之難偶。非有食無人之為病兮，吾何適而不可。獨裴回而不去兮，眷此邦之多君子。」[27]因為錢公輔的去世，使得蘇軾想留在常州的信念更加的強烈。這首有點楚辭風格的詩，成了東坡喜愛常州的最佳見證[28]。這時，常州、潤州賑災的事情才完竣，而卜居宜興這件事，就是在這時候決定的[29]。熙寧七年十月，蘇軾有〈采桑子〉詞，記載他與孫巨源遊潤州多景樓的歡愉，詞云：「多情多感仍多病，多景樓中，尊酒相逢，樂事回頭一笑空。停杯且聽琵琶語，細撚輕攏，醉臉春融，斜照江天一抹紅。」[30]這首詞，表現出蘇軾的好才華和好心情。他在詞牌之下，自言：「潤州甘露寺多景樓，天下之殊景也。甲寅仲冬，余同孫巨源、王正仲參會於此。有胡琴者，姿色尤好。三公皆一時英秀，景之秀，妓之妙，真為希遇。飲闌，巨源請於余曰：『殘霞晚照，非奇才不盡』，余作此詞。」自言在這樣的美景、美人、才子的千載一遇，他耳聽琵琶，眼望夕陽，心有所感地創造了這闋詞。

　　這時，他還作了〈甘露寺聽彈箏〉詩，表達和朋友相聚的歡

---

[27] 參見《蘇東坡全集》，前集卷 19，（臺北：世界書局，1985 年 9 月），頁 264。
[28] 參見佟利民〈謁蘇公——終老常州〉，取自於：https://new.qq.com/omn/20171205/20171205G0EW70.html。
[29] 同註 24，卷 11，頁 372。
[30] 同註 14，頁 64。

樂。王文誥在案語裡說：「公至揚州，〈與李公擇書〉云：『此行天幸，既得與老兄，又途中與完夫、正仲、巨源相會，所至輒作數劇飲笑樂，人生如此有幾，未知他日能復繼此否！』蓋是時，方別公擇於湖，故云爾也。」[31]詩云：「多景樓上彈神曲，欲斷哀弦再三促。江妃出聽霧雨愁，白浪翻空動浮玉。喚取吾家雙鳳槽，遣作三峽孤猿號。與君合奏芳春調，啄木飛來霜樹杪。」[32]不只聽箏，還有琵琶合奏，還能與好友相聚，飲酒賦詩，人生樂事，莫過於此。蘇軾在離開杭州到密州的路上，經過了湖州（浙江吳興）、松江（今上海市南郊松江縣）、潤州（今江蘇省鎮江市），當然也經過了常州。

到了元豐二年，蘇軾從徐州要到湖州上任，又途經常州。他有一闋〈江城子〉，下有題目為「別徐州」，詞云：「天涯流落思無窮，既相逢，卻匆匆。攜手佳人，和淚折殘紅。為問東風餘幾許？春縱在，與誰同？隋堤三月水溶溶，背歸鴻，去吳中。回首彭城，清泗與淮通。欲寄相思千點淚，流不到，楚江東。」[33]蘇軾與友暫別，想到離開徐州，不知何時再遇，因此寫下此詞。隋堤三月，正是離人折柳贈別之時，人生之春景短暫，也因此勾起了蘇軾的傷感。元豐二年五月，他在〈南歌子〉詞裡提到「老去才都盡，歸來計未成，求田問舍笑豪英，自愛湖邊沙路免泥行。」[34]此時他正思索是否要購置田產，以安頓一家老小。一直到元豐七年，蘇軾終於有一段較長的時間，可以準備買田置產了。

元豐七年八月，蘇軾本想在金陵（今南京市）買田，卻沒有如願。他在〈與滕達道書〉云：「自聞公得吳興日，望一見於中塗，而所至以賤累不安，遲留就醫，竟失一嬰兒。又老境所迫，歸計

---

[31] 同註 3，卷 12，頁 592。
[32] 同註 31。
[33] 同註 14，頁 138。
[34] 同註 14，頁 145。

茫然，故所至求田問舍，然卒無成。」[35]至於後來為什麼能購得宜興田產呢？在王文誥《蘇文忠公詩編註集成總案》載：「至儀真訪袁陟，因寄家於學舍」條下記載：「公是時因袁真州留家儀真，且置有少業為舉家日給之資，其後買田宜興曹莊田成，不更移家者，其故由此。」[36]而後在「遣蔣親求田宜興」條下云：「宜興田在深山中，去市七十里，但便於親情，蔣君勾當耳！」可見蘇軾在宜興買田，多得力於蔣之奇。

　　蘇軾既已置薄田，卻在元祐四年才有機會經過常州。他與張仲謀、劉季孫、蘇堅、張弼會於湖州，作〈定風波〉詞，詞云：「月滿苕溪照夜堂，五星一老鬪光芒，十五年間真夢裡。何事，長庚配月獨淒涼。綠髮蒼顏同一醉，還是，六人吟笑水雲鄉。賓主談鋒誰得似，看取，曹劉今對兩蘇張。」[37]人世間的聚散無常，蘇軾不能無感，尤其是在大起大落之後，更感到時日不多，友朋凋零。此時的他經歷朝廷黨爭，自請外任到杭州當知州，但一想到親友不能常相聚首，不禁流露一絲悵惘之情。

　　元祐六年，他在杭州任上被召回之前，寫了〈浣溪沙〉送葉淳老，詞云：「陽羨姑蘇已買田，相逢誰信是前緣？莫教便唱水如天。我作洞霄君作守，白頭相對故依然，西湖知有幾同年！」[38]蘇軾此時已厭倦官場的紛擾，想起有田在常，不禁有歸隱之意。這一年，又寫了一首〈八聲甘州〉給參寥子，詞云：

　　有情風萬里捲潮來，無情送潮歸。問錢塘江上、西興浦口，

---

[35] 同註 24，頁 914。
[36] 同註 24，頁 914。
[37] 同註 14，頁 319。題為〈余昔與張子野、劉孝叔、李公擇、陳令舉、楊元素會於吳興〉。時子野作〈六客詞〉，其卒章云：「見說賢人聚吳分，試問，也應旁有老人星」，凡十五年。再過吳興，而五人皆已亡矣！時張仲謀與曹子方、劉景文、蘇柏固、張秉道為坐客，仲謀請作〈後六客詞〉云。
[38] 同註 14，頁 341。

幾度餘暉？不用思量今古，俯仰昔人非。誰似東坡老，白首忘機。記取西湖西畔，正春山好處，空翠煙霏。算詩人相得，如我與君稀。約他年，東還海道，願謝公、雅志莫相違。西州路，不應回首，為我沾衣。[39]

參寥子是佛教僧，也是蘇軾在杭州的一位摯友。東坡貶謫黃州，他不遠二千里相從，留期年。蘇軾在詩中，寫道「算詩人相得，如我與君稀」，表達了相知之意。

元祐六年八月，朝中小人以蘇軾〈竹西寺〉詩為題，加以汙衊，以為大惡。為此，蘇轍為兄辯解，說：

> 乙丑年（1085 年）三月六日，在南京聞裕陵遺制成服，後蒙恩許居常州，既南去，至揚州。五月一日在竹西寺門外道傍，見數十父老說話，內一人合掌加額，曰「聞道好箇少年官家」，臣兄見有此言，心中實喜，又無可語者，遂作二韻詩記之於寺壁，如此而已！[40]

蘇軾的一句「山寺歸來聞好語，野花啼鳥亦欣然」，被朝中小人附會為裕陵升天，蘇軾竟還有欣幸之意，真是大逆不道，所幸有蘇轍的解危，這事才不至於被牽連。

蘇軾從揚州卸任，再一次到常州，已是元祐七年了。那年，蘇軾在八月被朝廷以兵部尚書召還，有〈青玉案〉詞，詞云：「三年枕上吳中路，遣黃犬、隨君去。若到松江呼小渡，莫驚鴛鷺，四橋盡是、老子行經處。輞川圖上看春暮，常記高人右丞句。作箇歸期天已許，春衫猶是，小蠻針線，曾濕西湖雨。」[41]這闋詞題目是「和賀方回韻，送伯固還吳中」。伯固即蘇堅，曾任杭州監稅

---

[39] 同註 14，頁 351。
[40] 同註 24，頁 1159。
[41] 同註 14，頁 366。

官，是蘇軾在杭州的得力助手。他到杭州，三年未歸，所以這闋詞提到「三年枕上吳中路」。詞中也寫到「作箇歸期天已許」，雖說的是蘇堅，何嘗不是蘇軾心理的反應？蘇軾從揚州召還，途經常州，田園之思何嘗不是「天涯流落思無窮」？因此，又再次升起「為問東風餘幾許」的感慨。他在〈九日次定國韻〉寫到：「俯仰四十年，始知此生浮」，又說「笑我方醉夢，衣冠戲沐猴。力盡病驥驒，伎窮老伶優。北山有雲根，寸田自可稼。」[42]可以看出他想歸田養老的心思。

此後，蘇軾迎來了惠州和儋州的貶謫，終其紹聖、元符年間，他沒有再回到常州。建中靖國元年五月，才再回到常州。他在元符三年北歸中原，寫下了〈江城子〉，詞云：「銀濤無際捲蓬瀛，落霞明，暮雲平。曾見青鸞、紫鳳下層城。二十五弦彈不盡，空感慨，惜離情。蒼梧煙水斷歸程，掩霓旌，為誰迎？空有千行，流淚寄幽貞。舞罷魚龍雲海晚，千古恨，入江聲。」[43]這闋詞若當作是「悼朝雲」也是適合的，因為「幽貞」一詞，指的就是朝雲[44]。當蘇軾獲赦北歸，渡海之時，遙想朝雲已長逝，不能與他一起返回中原，無限感傷，盡入於詞。那當年聞「枝上柳綿吹又少」就落淚的朝雲，也使得蘇軾「多情卻被無情惱」了！

回到中原的蘇軾，在建中靖國元年六月返回常州。一路的勞累，加上染病，蘇軾病逝在常州，享年六十六。

肆、結語

蘇軾在〈和子由澠池懷舊〉詩中說：「人生到處知何似，應是飛鴻踏雪泥。泥上偶然留指爪，鴻飛那復計東西。」[45]他的一生，

---

[42] 同註3，卷35，頁1906。
[43] 同註14，頁388。
[44] 同註14，頁389箋註。
[45] 同註3，卷3，頁96。

也正像自己比喻的飛鴻，經歷了無數的磨難。他藉著往來常州的機會，與好友相會，登山臨水，尋覓可以棲息的一方田地。在常州，藉著好友蔣之奇的幫忙，購得了薄田，而在北歸中原的那時，才得以返回常州與親人相聚。常州是他心心念念的地方，因為這個地方和他有深緣。

我們從他初登進士第，與蔣之奇、單錫、胡宗夫瓊林宴同坐，對常州產生美好的想像，到他屢次經過常州，或作短暫的停留，或因公務待在常、潤達數個月，看出他本想置田在金陵，最後買田在常州，一切是那麼因緣巧合。常州給了他美好的感受、美善的人情，還有美滿的人生，最後，也成了他長眠之地。

經歷了十四次的旅程，他寫了與常州相關的詩有 66 首、詞有 10 首、散文 103 篇[46]。本文舉其要，論述蘇軾在常州、潤州的片段，來爬梳當他到常潤一帶時，心情究竟是如何。我們發現：蘇軾到常州大抵是欣喜的，只有在失去遯兒、想念朝雲時會有傷感，當然，朋友的聚散無常，常讓他感到一絲悵惘。他想歸田退隱的心，在元祐年間特別強烈，尤其當黨爭不已的時候，他就更堅定要躬耕田畝、自食其力。

蘇軾受傳統儒家思想的影響，認為「求田問舍」是會被英雄恥笑的，但實際的人生上，沒有自己的一方田產，是沒有歸屬感的。在坎坷的仕宦路上，常州成為他的心靈故鄉，最終成為他的長眠地，這也許是天意，也許是上天賜給他的最好的禮物。如今他的子孫們很多住在常州府宜興縣，也就是當年蘇軾所買之田地生活[47]，就是一個最好的明證。

---

[46] 同註 28。

[47] 蘇慎編〈蘇軾子孫與常州宜興〉，取自於 https://kknews.cc/zhtw/cul‐ture/l6xb9e.html。

附錄一、蘇東坡常州十四次行程表

次序	時間	事由
1	熙寧四年辛亥（1071 年）	赴杭州通判任，經過常州
2	熙寧六年癸丑（1073 年）	從杭州通判差去潤州、常州賑災
3	熙寧七年甲寅（1074 年）	自潤州到常州賑災
4	熙寧七年甲寅（1074 年）	由杭州通判遷任密州知州，經過常州
5	元豐二年己亥（1079 年）	自徐州赴湖州任，途經常州
6	元豐二年己亥（1079 年）	因烏臺詩案逮赴臺獄，途經常州
7	元豐七年甲子（1084 年）	由黃州移汝州，自便從常州到宜興
8	元豐七年甲子（1084 年）	自宜興赴汝州，經常州
9	元豐八年乙丑（1085 年）	赴汝途中由商丘返回至常州
10	元豐八年乙丑（1085 年）	從宜興赴登州任，經常州
11	元祐四年己巳（1089 年）	由京城赴杭州任，經常州
12	元祐六年辛未（1091 年）	杭州任上被召回，途經常州
13	元祐七年壬申（1092 年）	揚州任上，離揚州到常州
14	建中靖國元年辛巳（1101 年）	自儋州獲赦，回常州終老

10

蘇軾元祐年間「經世」論

摘要

蘇軾在元祐年間回到朝廷，展開了一連串「經世濟民」的活動，由於他自言功業在「黃州」、「惠州」、「儋州」，因此這一段人生最得意的時間，遂為人所淡化。究竟在元祐朝的期間，蘇軾是如何為朝廷奉獻？他所深信不疑的儒家思想，又是如何貫徹的？這是本文探討的重點。蘇軾的「憂國憂民」，個性上的「直言不諱」，但他也「擇善固執」，凡有益於生民百姓者，他無不敢言直諫，至死不悔。由於黨爭的關係，他數請外任，到杭州，他為民請命，減免積欠，設立病坊，以活杭民；疏濬西湖，建築新堤，以利地方。到潁州論證開八丈溝勞民傷財、有害無益；對荒年提出建議，救濟飢民。到揚州，罷萬花會，除民苦厄。到定州，建修營房，巡檢邊防。善於傾聽民意的蘇軾，他的改革是「由下而上」的。蘇軾的作為，實踐了儒家「天聽自我民聽，天視自我民視」的精神。本文擬探討蘇軾在元祐朝出典各州的政績，以明蘇軾經世濟民的作為。

關鍵詞：元祐回朝、經世濟民、蘇軾

壹、前言

人生的得意與失意，最能看出一個人的作為。若說蘇軾有得意之時，那就是少年得意的「應試高中，名滿京師」和「元祐回朝，翰林侍讀」了，尤其是元祐還朝，他在朝廷擔任翰林學士之職，自言「職事如麻」，經常是「半夜乃息，五更復起」，可見他是如何勤敏於政事，又是如何的「答報君恩」[1]。

元豐八年（1085）三月一日，宣仁垂簾聽政，立哲宗為皇太子，開啟元祐新政。六月，蘇軾起知登州軍州事，當時係司馬光舉薦蘇軾。十月蘇軾抵登州任，旋以禮部郎中召還，為此蘇軾曾自言：「於其黨而觀過，謂臣或出於愛君；就其短而求長，知臣稍習於治郡。」[2]，認為朝廷的起用，是愛才惜才的關係。在蘇軾看來，朝廷此時「凡有所為，稍復用舊，況秉節推忠之士，將欲甄收，而作新立法之人，旋行降黜。」[3]。這樣的想法，是一個儒者自以為「懲兇罰惡，乃是天道」的單純念頭。

蘇軾年少時，母親程氏親授以書，蘇軾聞古今成敗，往往能語其治要，在《蘇文忠公詩編註集成‧總案》曾提到一件事，奠定了蘇軾日後報效國家的決心：「成國親授以書，嘗讀史至〈范滂傳〉，慨然太息。公侍側曰：『軾若為滂，夫人亦許之否乎？』成國曰：「汝能為滂，吾顧不能為滂母耶？」[4]蘇軾的敢言直諫、視死如歸，一部分原因來自於母親的教誨，因此蘇軾將孔孟之道視

---

[1] 張志烈、馬德富、周裕鍇主編《蘇軾文集校註》（石家莊：河北人民出版社，2010 年 6 月），卷 50〈與曾子宣〉十三首之七。
[2] 郎曄註《經進東坡文集事略》（臺北：世界書局，1975 年 1 月），卷 25〈登州謝表〉。
[3] 同註 2，〈登州謝宣詔表〉。
[4] 王文誥《蘇文忠公詩編註集成總案》（臺北：學生書局，1967 年 5 月），卷 1。

為一生信奉的圭臬。《論語》說：「志士仁人，無求生以害仁，有殺身以成仁」[5]，鼓勵讀書人應奮勵有當世之志，為實踐「仁」德，奮不顧身，蘇軾認為這就是「忠」的表現。連帶著，他認為「治國」不能重用小人，否則國家無以為治。《孟子》說：「士止於千里之外，則讒諂面諛之人至矣，與讒諂面諛之人居國，欲治可得乎？」[6]就是這樣的理念，因此，他單純的認為，朝廷起用他，就是來「懲兇罰惡」的。

貳、蘇軾元祐還朝的政治環境

在當時的政治環境下，是蔡確為右僕射，張璪為中書侍郎，章惇知樞密院事，李清臣遷左轄，群姦盤踞攻地，獨司馬光在門下省。章惇屢屢譴侮司馬光，蘇軾為此勸章惇不可侮慢司馬光，司馬光賴以稍安。司馬光本是拔擢蘇軾的人，但蘇軾在和他討論免役法時，卻堅持己見，認為此法不可廢，也不能以差役法取代之，這使得司馬光想要盡去熙寧舊法的想法，無法實現，種下了日後「北宋黨爭」的禍因。

哲宗元祐元年（1086），蘇軾以七品服入侍延和殿，而子由任右司諫。他們兄弟倆，在群小的包圍下，發揮「雖千萬人吾往矣」的精神，論述朝中諸人應罷黜的理由：「左僕射蔡確憸佞刻深，以獄吏進；右僕射韓縝識闇性暴，才疎行汙；張璪、李清臣、安燾皆斗筲之人，持祿固位，安能有為？伏願早賜罷免，別擇大臣。」[7]如此的極言直諫，自然是得罪了朝中的小人，使得黨爭隱然成形，兩兄弟也難免成為新法人士攻擊的主要目標。後來韓縝之兄

---

[5] 參見《十三經註疏‧論語》（臺北：藝文印書館，1981 年 1 月），〈衛靈公〉卷 15。

[6] 參見《十三經註疏‧孟子》（臺北：藝文印書館，1981 年 1 月），〈告子〉下，卷 12。

[7] 同註 4，卷 27。

韓維拜門下侍郎，任用之人皆新法人士，也都是北方人，人稱「朔黨」。「朔黨」起來之後，黨爭也就越演越烈了。韓維就是推薦王安石給神宗的人，韓維被重用，說明了新黨勢力不但沒有銷聲匿跡，而且是死灰復燃。蘇軾兄弟想要忠心報國，也不得不先剷除姦慝，於是李定不服母喪，蘇軾指責是「傷敗風教，為害不淺」，呂惠卿「樂禍而貪功，好兵而喜殺，以聚斂為仁義，以法律為詩書」，被蘇軾認為是「迷國不道」。這個想法，同樣是來自於孟子：「今之事君者，皆曰我能為君辟土地、充府庫，今之所謂良臣，古之所謂民賊也。……君不鄉道，不志於仁，而求為之強戰，是輔桀也。由今之道，無變今之俗，雖與之天下，不能一朝居也。」[8]小人不當居國，居國則國危，這樣的想法，在蘇軾的腦中是根深柢固的，但也因為這樣的想法，他陷入了朝廷群小集體圍剿的命運。

先是，與司馬光廢免役法的矛盾，蘇軾被認為「忘恩」。他說：

> 臣與故相司馬光，雖賢愚不同，而交契最厚。光既大用，臣亦驟遷，在於人情，豈肯異論？但以光所建差役一事，臣實以為未便，不免力爭，而臺諫諸人，皆希合光意，以求進用，及光既沒，則又妄意陛下以為主光之言，結黨橫身，以排異議，有言不便，約共攻之。[9]

一般的人，會選擇附和司馬光的想法，只求仕進，但蘇軾不會「見利忘義」，「是非」這把尺，他自有定見，可惜在北宋能有勇氣反抗、大聲說出自己想法的，畢竟是少數。蘇軾的不與流俗同，顯現他的與眾不同。

他與司馬光、劉摯為首的「朔黨」對抗，埋下了黨爭之禍。司馬光、劉摯、梁燾、王岩叟、劉安世等人，雖為舊黨，但他們

---

[8] 同註 6。
[9] 同註 2，卷 35〈乞郡箚子〉。

一味的要剷除新黨，包括他們所主張的政策，蘇軾卻認為應保留新黨好的政策，好比「免役法」，因而為此而種下心結。蘇軾自言在參議役法和蒙擢為學士後，便為朱光庭、王巖叟、賈易、韓川、趙挺之等攻擊不已，因此以疾乞郡，可見當時黨爭之烈。考慮再三，蘇軾上書朝廷：

> 臣二年之中，四遭口舌，發策草麻，皆謂之毀謗。未出省牓，先言其失士。以至臣所薦士，例加誣衊，所言利害，不許相見。近日王覿言胡宗愈指臣為黨，孫覺言丁騭云是臣親家。臣與其兩人有何干涉，而於意外巧造曲成，以積臣罪。欲使臣橈椎於十夫之手，而使陛下投杼於三至之言。中外之人，具曉此意，謂臣若不早去，必致傾危。[10]

他屢次請命，終於在元祐四年（1089）三月，除龍圖閣學士知杭州軍州事，直到元祐六年（1091）六月，蘇軾再度回學士院，朝中朔黨早已掌權。當是時，劉摯代范純仁為相，王巖叟為樞密使，梁燾為禮部尚書，劉安世久在諫垣，號殿上虎，招徠羽翼益眾。朱光庭、楊畏、賈易等失其領袖，皆附朔黨以干進。摯擢賈易為侍御史，意在傾覆蘇轍[11]。

其次，是與程頤弟子的矛盾，蘇軾被指稱是「川黨」。《宋史》記載：

> 頤在經筵，多用古禮，蘇軾謂其不近人情，深嫉之，每加玩侮。方司馬光之卒也，百官方有慶禮，事畢欲往弔，頤不可，曰：「子於是日哭則不歌」，或言：「不言歌則不哭」，軾言：「此枉死市叔孫通制此禮也。」二人遂成嫌隙。[12]

---

10 同註 9。
11 同註 4，卷 33。
12 參見馮琦《宋史紀事本末》卷 45，「中國哲學書電子化計劃」，《欽定四庫全書》本。https://ctext.org/wiki.pl?if=gb&chapter=864124。

《孟子》說：「閹然媚於世也者，是鄉原也。」又說：「非之，無舉也；刺之，無刺也。同乎流俗，合乎汙世，居之似忠厚，行之似廉絜，眾皆悅之，自以為是，而不可與入堯舜之道，故曰德之賊也。」[13]程頤的死守古禮，在蘇軾看來，與鄉愿無異。程頤是「洛黨」之首，蘇軾得罪他，無疑是挑動洛黨的神經，讓「洛蜀黨爭」成為政治的風暴。

「洛蜀黨爭」最劇烈的情況，是在元祐四年（1089）八月。這時蘇軾為翰林學士承旨兼侍讀，賈易、趙君錫等人復祖述沈适、何正臣、舒亶、李定、李宜之、朱光庭、傅堯俞、王巖叟、王覿等訕謗之說，摭詩語彈奏他，不久，蘇軾即出知潁州[14]。元祐八年（1093）五月，黃慶基、董敦逸復祖述沈适、何正臣、舒亶、李定、李宜之、朱光庭等人訕謗之說，彈劾蘇軾。自元祐元年（1086），朋黨之禍起，元祐年間，黨爭不已，朝廷流於意氣之爭，也使得朝綱不振，新舊兩黨所衍生的「洛黨」、「朔黨」和「蜀黨」，彼此互相攻擊，一黨得勢就貶斥另一黨，造成政局的不穩定，終使北宋敗亡。

蘇軾秉持君子不與小人同朝為官，然卻不幸處在小人環繞的元祐年間，擔當重任，以至於不安於朝。黨爭越演越烈，蘇軾也因此出知杭州、潁州、揚州。元祐九年（1094）三月，蘇軾更被貶謫到汝州，閏四月貶到英州，六月貶惠州。一個訕謗之說，將蘇軾在元祐年間的仕途，打成了漫漫的貶謫之路，也結束了蘇軾一生中最得意的時刻，同時代表了舊黨勢力的終結。

參、蘇軾元祐期間的經世濟民

---

[13] 同註 6，〈盡心〉下，卷 14。
[14] 同註 4，卷 33。

王文誥案語曾說：「君子之終不能與小人爭者，往往為氣節廉恥所誤。」[15]換言之，小人的沒氣節、不知廉恥，是戰勝君子的關鍵。蘇軾在群小圍攻的政治環境下，雖有太皇太后的支持，然也終不敵朝中成群結黨的政敵。他屢次選擇出知州縣，一來避禍遠謗，二來是心思為民造福，完成他心中「經世濟民」的理想。

當他出知杭州時，是在元祐四年（1089）三月，他在朝三年多，得罪朝中當權者，自請外任。同年七月，他到杭州上任，首先為杭民請命。七月到任，八月就上〈乞賜州學書板狀〉，上〈法外刺配顏章、顏益待罪狀〉，除為民請命能以市易書板賜與州學，不估價收錢，也懲罰姦猾叫囂之州人——顏章、顏益，將他們收押[16]。十月，因運河乾涸，開浚茅山、鹽河二橋，以工代賑。十二月乞賑浙西七州狀，為民請命，請朝廷賑濟百姓。一連串的作為，皆是從老百姓的角度，尋求便民利民的措施。

元祐五年（1090）正月，饑疫並作，蘇軾除了請朝廷免除上供之米糧，平抑米價，並施捨聖散子，以濟杭民。三月，更在水旱之後，於眾安橋置安樂坊，分坊治病。四月，修復六井，西湖甘水遍一城，君民俱樂。蘇軾乞度牒開西湖，開浚運河，引西湖水灌注其中，清淤泥，築長堤，堤成，遍植芙蓉、楊柳，以固堤址。及至他離開杭州之前，他屢上〈相度賑濟七州狀〉，視民如傷[17]，充分發揮他惠愛百姓的精神。凡此，足見蘇軾有治世之才，以其影響力造福百姓，造福杭民，非但有仁心，且有仁德。

其次，提到元祐六年（1091）蘇軾出知潁州，九月即走訪地方百姓，論八丈溝不可興建之利害，上書朝廷；十月又以潁民苦饑，乞留黃河夫萬人，修境內溝洫，詔許之。十二月論淮南盜賊，

---

[15] 同註 4，卷 26。見「李定來迎，翌日為盛會，及其款洽」條下。
[16] 同註 4，卷 31。
[17] 同註 4，卷 32。

乞賜度牒糴斛斗，準備賑濟淮浙流民；同月發義倉穀，濟饑民之困。元祐七年（1092）二月，同趙令畤通焦陂水，開浚潁州西湖，並作清河西湖三閘[18]。蘇軾所關心的，是百姓的饑寒，所擔心的，是百姓的流離失所，他拔擢賢能，為的是與民興利。

蘇軾罷潁州任，知揚州，元祐七年（1092）三月，蘇軾過濠州、壽州、楚州、泗州，親入村落訪民疾苦，百姓皆為積欠所壓，困憊特甚，所至城邑，流民載道，蘇軾抵泗州，作祈雨文，到揚州，罷萬花會。四月，潁州西湖成，有和趙令畤詩。他屢次檢陳十件不便於民的事狀，請求朝廷放寬百姓積欠的債務，讓人民得以喘息。七月，終於得到朝廷的回應，為百姓解決心頭之患[19]。綜上而論，蘇軾在地方任官，為百姓向朝廷請命者，可說不餘遺力。

蘇軾親眼見浙西饑疫大作，人民流離失所，他體會到「苛政猛於虎」，所以挺身而出，為民請命。當百姓遭逢饑荒，又不能免於催科了納，往往不敢返鄉，而逃離在外，對於地方父母官來說，能苦民所苦，才能使百姓安居樂業。這是儒家「經世濟民」的想法，所謂「**窮則獨善其身，達則兼善天下**」[20]，身為父母官，能為地方小老百姓傳達困境，作有益於社會的事，是知識分子的責任。蘇軾在地方官的表現，顯然是很了解自己的責任，而把老百姓擺在第一位。

肆、蘇軾元祐朝的經世濟民理念

蘇軾的儒家思想，源自於孔子的「仁」和孟子的「義」。仁心的出發點是「己所不欲，毋施於人」，而義則是「行其所當為」。蘇軾的個性本來就是外顯而非內斂，因此當他學習過程中，不斷

---

[18] 同註 4，卷 34。
[19] 同註 4，卷 35。
[20] 同註 6，〈盡心〉上，卷 14。

的形成自我的思想體系時，是以儒家的仁義觀出發的。他對儒家的論述是：「堯、舜、禹、湯、文、武、周公之法度禮樂刑政，與當世之賢人君子百氏之書，百工之技藝，九州之內，四海之外，九夷八蠻之事，荒忽誕謾而不可考者，雜然皆列乎胸中，而有卓然不可亂者，此固有以一之也。」[21]這裡的「一」，是孔子的「忠恕之道」，也就是「仁」。本著對他人的「仁心」，因此引發不忍人之政。孟子更言「人饑己饑，人溺己溺」[22]，為政者應該有仁愛的胸懷，關懷人民疾苦。「人倫是政治的根本」，人們只有在社會關係中約制自我，造福他人，才能創造和諧的關係。因為服膺這樣的理念，蘇軾每到一處為官，總是訪查民情，解民倒懸，因為「仁義」是他的中心思想。

　　北宋承繼唐人「尊儒」的風氣，把儒學視為為人處世的圭臬。「聖人一之於禮，君臣上下，各視其所當視，各聽其所當聽，而仁不可勝用也。」[23]君臣父子，各司其職，彼此自重，以「仁」為準據，以「禮」為規範，就不會做出悖禮犯義的事情。孟子說：「君子之所以異於人者，以其存心也。君子以仁存心，以禮存心，仁者愛人，有禮者敬人。愛人者人常愛之，敬人者人常敬之。」[24]蘇軾服膺這個道理，終其一生，存心仁厚，所以直道而行，不計較個人的毀譽，且提倡以「仁」治天下。他說：「百官之眾，四海之廣，使其關節脈理，相通為一。扣之而必聞，觸之而必應。夫是以天下可使為一身，天子之貴，市民之賤，可使相愛。憂患可使同，緩急可使救。」[25]，國君與百姓乃是一體，「天視自我民視，天聽自我民聽」，主政者如果能有這樣的認知，自然能行仁政，體

---

[21] 同註 4，卷 6〈孟軻論〉。
[22] 同註 6，〈離婁〉下，卷 8。
[23] 同註 1，卷 6，〈視遠惟明，聽德惟聰〉。
[24] 同註 6，〈離婁〉下，卷 8。
[25] 同註 1，卷 8，〈決壅蔽〉。

察人民的痛苦。

儒者尊禮、守禮，表現在外，是有人情和義理。做任何事，要體察人情之所以安，避免人情之不安。當地方饑疫並作，百姓無不希望饑者得食，病者得藥，得到照顧；地方官體察民情，賑濟災民，廣置病坊，視民如傷，那麼就可以與百姓站在一起，共度難關。倘若不顧人民死活，聚斂徵稅，無視於民苦，不但造成百姓不安，且盜賊四起，社會動盪。因此，蘇軾秉持儒家「以人為本」的思想，每到一處當官，總將民苦放在心上，心思為民請命，以此「經營事務，救濟人民」，主要在實現自己淑世救國的理念。蘇軾認為儒家的精義，在於中庸之道。他對中庸的體認，是「誠」。《中庸》說：「誠者，天之道；誠之者，人之道也。誠者不勉而中，不思而得，從容中道，聖人也；誠之者，擇善而固執之者也。」[26]一個人能自我修為，達到與天理相應，即是最高的境界，等同是聖人。要達到這樣的境界，最重要是「自誠明」，看一切事務，要明察秋毫，洞察人情。「其始論誠明之所入，其次論聖人之道所從始，推而至於其所終極。」[27]能這樣，就能了然於心，合乎人情和義理。在蘇軾看來，一個人人格的高下，不在於地位的高下，而在於做任何事是不是憑藉著良心。他無論身處朝廷，或投閒置散；無論做地方官，或貶謫到蠻荒，始終支撐著他的信念的，是憑良心，把事情做好。這可以從他到杭州賑濟災民、清淤築堤，為民請命，不顧自身利害，看出端倪，也可以從他到潁州，阻止開八丈溝、罷萬花會，上書朝廷免百姓積欠之債務，看出他「有所為，有所不為」的處置方式，出發點都是「國君與百姓乃是一體」，「百姓安則朝廷安」的民本思想出發。

國家政策的推動，可以由上而下，然而孔子主張：「其身正，

---

26 朱熹《四書章句集註・中庸》（臺北：大安出版社，2008 年 9 月），第 20 章。
27 同註 2，卷 4〈中庸論〉上。

不令而行；其身不正，雖令不從。」[28]由上而下的領導，百姓的眼睛是雪亮的，主政者的中心思想必須正確，負起一切政治責任。蘇軾則主張由下而上的政策推動，所以每到一處，他都先訪查民情，思索事情的來龍去脈，而後以百姓的立場思考問題、解決問題。當外在的政治環境都停留在由上而下的統治模式，蘇軾的親民愛民，和朝廷其他的官吏，想法顯然是不一致的，無怪乎引起朝中人士的群起圍攻。事實上，他是經過一番深思熟慮，了解到與百姓站在一起思考問題，才能夠長治久安。可惜的是，他的政治理念未被接受，而他也只好在當地方官時，秉持良心，克盡職責，盡力的為百姓排難解憂了！

伍、結語

「元祐回朝，翰林侍讀」是蘇軾一生中最得意的時期，也是他受到朝廷群小圍攻最劇烈的時候；但是，君子「以仁存心」，他有不忍人之心，所以有一連串為民請命的動作。我們從他在元祐年間出守各州的表現，看到一個愛民恤民的好官吏，一心只想經世濟民，全不在乎自己的榮華富貴。

當時的政治環境，對蘇軾、蘇轍兄弟十分不友善，尤其是蘇軾，被視為是蜀黨的領袖，因此屢次遭朔黨、洛黨的圍攻，不斷的以「訕謗之說」羅織他的罪名。為了保全蘇轍，蘇軾自請外任，一來避禍遠謗，二來實現他經世濟民的理念。蘇軾也的確在杭州、穎州、揚州「除弊興利」，為百姓做出了貢獻。

就蘇軾經世濟民的理念探其源，是本著儒家「居仁由義」的想法，認為君子存仁心，本著良心做事，乃是地方官的職責。因此，他採取由下而上的傾聽民意、為民請命，冀望百姓離苦得樂，

---

[28] 同註 5，〈子路〉，卷 13。

朝廷得以清安。《蘇文忠公詩編註集成總案》引〈墓誌銘〉載:「公二十年間,再莅此(杭)州,有德於其人,家有畫像,飲食必祝,又作生祠以報。」[29]可以看出蘇軾經世濟民的理念,使得他可以血食百世,功在千秋。

　　蘇軾一生,為後代君子樹立了做官的榜樣。他每到一處,傾聽民意,凡對百姓有益的,他身先士卒,不顧己身的利害;凡有不便民的,他建請朝廷或廢或濟,百姓賴以稍安。他以人情和義理做考量,雖屢遭朝中小人的反對,仍舊擇善固執,死守正道,這樣的精神,值得我們深思與效法!

---

[29] 同註 4,〈欒城集墓誌銘〉。

11

許國心猶在──蘇軾惠州詩探析

摘要

　　本文旨在探究蘇軾被貶謫到惠州時的生命樣貌，並比較這一期詩和黃州詩的異同。蘇軾從貶謫惠州到再謫瓊州之前，也就是紹聖元年六月到紹聖四年五月，共創作一百二十三首詩，這是他自黃州貶謫後，第二次被貶。觀其心境，沒有初次貶謫的驚慌，只有無限的感慨。元祐元年到元祐八年之間，是蘇軾最得意之時，他雖多次出入朝庭，執掌權柄，也在外任時發揮其影響力，造福地方，然而歷經黨爭的傾軋，他終不敵對手的圍剿，受到無情的對待。第二次貶謫對他的意義是：許國心猶在，報效卻無門。爬梳蘇軾惠州詩，有唱和詩、寫景詩，以及少數的諷諭詩，最特別的是大量的和陶詩。和陶詩是蘇軾對自我生命的反思，他從陶詩中發現自己一生的遭遇，緣於未能自覺，以至於踏上仕途，再次被貶。我們若要了解蘇軾內心的自省，惠州詩將會給予解答。人生的順境固然美好，若遇到逆境時，要如何自我調適呢？蘇軾〈縱筆〉詩：「白頭蕭散滿霜風，小閣藤床寄病容。報道先生春睡美，道人輕打五更鐘。」感知美好的事物，從中知足感恩，是不二法門。蘇軾了解自己對國家之愛，也未對貶謫有任何怨言，他只是默默承受天意的安排，並力求自己心境的平和。這也許是孔子、孟子「達則兼善天下，窮則獨善其身」的方針，使他勇於接受一切的順逆吧！

關鍵詞：北宋黨爭、和陶詩、惠州詩、蘇軾詩

壹、前言

元祐元年，宋哲宗即位，年僅十歲，由太皇太后垂簾聽政。司馬光為舊黨領袖，啟用程顥、程頤及蘇軾、蘇轍，蘇軾此後八年，得以平步青雲，為國所用，一展抱負。從貶謫黃州到位極人臣，蘇軾開啟了一連串政爭的路，也因為北宋黨爭，他又走上了被貶惠州的命運。

蘇軾在哲宗元年（1086）正月，以七品服入侍延和殿，擔任中書舍人，翰林學士知制誥，為皇帝起草詔書。他朝夕惕勵，自言登朝以來，大抵日常如是：「蓋供職數日，職事如麻，歸即為詞頭所迫，率常以半夜乃息，五更復起，實未有餘力。」[1]一方面是自覺責任重大，必須戮力從公；二方面是得以一展長才，更加愛惜羽毛。至於他貶到惠州，心情又是如何呢？他說：「某謫居瘴鄉，惟盡絕欲念，為萬金之良藥。」[2]人生境遇落差之大，可說是大起大落。究竟這八年之間，他是如何度過的呢？

自元祐元年起，蘇軾即捲入朝廷政爭之中，且位於風暴正中心。司馬光盡黜新法：保甲法、方田法、市易法、保馬法，結果在罷免役法時，蘇軾極力反對，因此他得罪了司馬光帶領的一批人：韓維、孫永、傅堯俞等人。韓維是宋神宗在潁邸時，日夕稱頌王安石的人，他們兄弟四人先後在朝為相，當時官拜門下侍郎，為朔黨領袖[3]。黨爭之起，即是洛黨朱光庭提及祖述熙寧間沈括、舒亶、李定等人謗訕之說，誣陷蘇軾為人臣不忠，朔黨傅堯俞、

---

[1] 張志烈、馬德富、周裕鍇主編《蘇軾文集校註》〈與曾子宣 13 首〉卷 50（石家莊：河北人民出版社，2010 年 6 月），頁 5489。

[2] 張志烈、馬德富、周裕鍇主編《蘇軾文集校註》〈答范純夫 11 首〉卷 50，頁 5441。

[3] 王文誥譔《蘇文忠公詩編註集成》總案卷 27，（臺北：學生書局，1967 年 5 月），頁 963。

王巖叟附之，於是洛黨、朔黨和歸之於蜀黨的蘇軾，展開了政治鬥爭[4]。對蘇軾而言，理念不同，是無法苟同的，他在八年之間，因此三次自請外任，可見黨爭之烈。

洛黨與蜀黨之爭，起因於蘇軾與程頤性情不合。蘇軾曾在元祐六年〈再乞郡箚子〉中提到：

> 臣聞朝廷以安靜為福，人臣以和睦為忠。若喜怒愛憎，互相攻擊，則其初為朋黨之患，而其末乃治亂之機，甚可懼也。………臣與賈易本無嫌怨，祇因臣素疾程頤之姦，形於言色，此臣剛褊之罪也。而賈易，頤之死黨，專欲與頤報怨。………臣多難早衰，無心進取，豈復有意記憶小怨？而易志在必報，未嘗一日忘臣。[5]

洛黨將蘇軾視為攻擊的目標，加上朔黨的點火助攻，蘇軾自是不安於朝廷。其中，有一人也至為關鍵，那就是章惇。熙寧初，王安石悅其才而用之，命為湖南、北察訪使，累官至門下侍郎。王文誥言：「公與章惇自來交厚，時子由既奏逐之，公復行於奏牘，自是為不解之仇矣！」[6]章惇在哲宗元祐年間初貶官，蘇軾也進奏牘，這就得罪了章惇，因此，蘇軾的再次被貶惠州，也就在預料之中了，更何況得罪章惇，章惇也沒有一日忘記蘇軾，以至於蘇軾貶謫瓊州，也出自於章惇的報復。

蘇軾在八年之間，外任三次：一是元祐三年到杭州，為民請命，減免積欠；興修水利，疏浚西湖。二是元祐六年，知穎州，興修水利，救災安民，同時也疏浚穎州西湖。元祐七年，徙揚州，

---

[4] 王文誥譔《蘇文忠公詩編註集成》總案卷 27，頁 987。
[5] 張志烈、馬德富、周裕鍇主編《蘇軾文集校註》卷 33，頁 3409。
[6] 張志烈、馬德富、周裕鍇主編《蘇軾文集校註》卷 27，頁 3043。

罷萬花會，免民積欠[7]。他在揚州，開始和陶詩，自言：「**我不如陶生，世事纏綿之**」[8]，蘇軾離開揚州時雖已「**七典名郡，再入翰林；兩除尚書，三忝侍讀**」[9]，為天下人所欽羨，但心中已有歸隱之意，想辭官歸家，然而現實上，他更渴望再次報效朝廷，更上層樓。

元祐八年，太皇太后崩，哲宗親政。九月蘇軾罷尚書職，以端明殿學士兼翰林學士知定州。到了定州，他仍為民請命，減輕民苦。元祐九年改元為紹聖元年，新法人士掌權，虞策、來之邵彈劾蘇軾譏斥先朝、語涉譏諷，張商英、趙挺之群起攻之，將蘇軾落職惠州（廣東英德）。元祐九年閏四月，坐前掌制命，語涉譏刺，落端明殿學士兼翰林侍讀學士，責知英州軍州事[10]。六月，章惇升任相位，「**蔡卞、張商英等以貶竄為未足，復祖述群小沈括輩之說，再肆攻擊，告下，落建昌軍司馬，貶寧遠軍節度副使臣，仍惠州安置。**」

蘇軾從貶謫惠州到再謫瓊州之前，也就是紹聖元年六月到紹聖四年五月，共創作一百二十三首詩，這是他自黃州貶謫後，第二次被貶。觀其心境，沒有初次貶謫的驚慌，只有無限的感慨。元祐元年到元祐八年之間，是蘇軾最得意之時，他雖多次出入朝庭，執掌權柄，也在外任時發揮其影響力，造福地方，然而歷經黨爭的傾軋，他終不敵對手的圍剿，受到無情的對待。

第二次貶謫對他的意義是：許國心猶在，報效卻無門。朝廷攻擊他的人，有章惇、張商英、趙挺之、朱光庭、傅堯俞、王巖叟、賈易、來之邵等，一個個官高爵顯，且未嘗一日忘記報復蘇

7　周偉民、唐玲玲著《蘇軾思想研究》第二章，（臺北：文史哲出版社，1996年2月），頁145。

8　王文誥、馮應榴輯註《蘇軾詩集》〈和陶飲酒〉二十首其一，卷35（臺北：學海出版社，1983年元月），頁1883。

9　張志烈、馬德富、周裕鍇主編《蘇軾文集校註》卷24，頁2749。

10　王文誥譔《蘇文忠公詩編註集成》總案卷37，頁1267－1279。

軾，在這樣的情形下，蘇軾雖仍帶著返朝的心情，但最終是事與願違。

貳、黃州和惠州貶謫心境異同

元豐二年三月，蘇軾罷徐州任，四月到湖州任，七月二十八日蘇軾被逮，八月十八日赴臺獄，十月二十日太皇太后崩，十二月二十九日，蘇軾責授檢校尚書水部員外郎充黃州團練副使。這一百三十多天「烏臺詩案」的訊問，起因於什麼？大致可從這些人的話裡看出來。一是何正臣說蘇軾「愚弄朝廷，妄自尊大」，舒亶說他「觸物即事，應口所言，無一不以譏謗為主」，李宜之說他「虧大忠之節，顯涉譏諷」，李定說他「肆其憤心，公為詆訾…傷風敗俗，莫甚於此」[11]，就此，這些訕謗之說，就一直伴隨著蘇軾的一生。

這次的詩案，給了新法人士定心丸，因為「疑似之間」就有大作文章的空間。蘇軾自言個性剛褊，遇事則言，又以為忠心進言，可以感悟人主，殊不知政治場中，言者無心，聽者有意，為爭權柄，時有誣陷。蘇軾第一次在仕途上受挫，開啟了五年的黃州生活。

初貶黃州，他自言：「寓定惠院閉門卻掃，隨僧蔬食，暇則往村寺沐浴，及尋溪傍谷，釣魚採藥以自娛，或扁舟草履，放棹江上，自喜漸不為人識。」[12]初收魂魄，蘇軾只想忘卻這一場噩夢，將過往揮之而去。他又言：「黃州真在井底，杳不聞鄉國信息。此中凡百粗遣，江邊弄水挑菜，便過一日。」[13]不但如此，他的經濟也發生問題，他曾言：「初到黃，廩入既絕，人口不少，私甚憂之，

---

11 王文誥撰《蘇文忠公詩編註集成》總案卷 19，頁 777。
12 王文誥撰《蘇文忠公詩編註集成》總案卷 20，頁 796。
13 王文誥撰《蘇文忠公詩編註集成》總案卷 20，頁 807。

但痛自節儉，日用不得過百五十，每月朔，便取四千五百錢，斷為三十塊，掛屋梁上，平旦用畫叉挑取一塊即藏去。叉仍以大竹筒別貯，用不盡者，以待賓客。」[14]困窘如此，無以為繼，因此元豐四年二月，馬夢得為他請舊營地十畝，蘇軾始躬耕隴畝，自號「東坡」。

黃州期間，蘇軾在詞作裡說到：「世事一場大夢，人生幾度新涼。夜來風葉已鳴廊，看取眉頭鬢上。酒賤長愁客少，月明多被雲妨。中秋誰與共孤光，把盞淒然北望。」[15]此詞作於元豐三年，楊湜《古今詞話》說：「坡以讒言謫居黃州，鬱鬱不得志，凡賦詩綴詞，必寫其所懷，然一日不負。其懷君之心，末句可見矣！」[16]儘管生活困頓，但他想報效朝廷的心未曾稍歇，因此，他在〈念奴嬌・赤壁懷古〉說：「故國神遊，多情應笑我，早生華髮。」[17]。怕的是未能施展抱負，愧對古往今來的英雄豪傑，由此可見，他對自己仍抱持著期望，希望有朝一日可以返朝效命。

元豐五年，蘇軾有〈卜算子〉，道出了心中的感慨。詞云：「缺月挂疏桐，漏斷人初靜。誰見幽人獨往來，縹緲孤鴻影。驚起卻回頭，有恨無人省。揀盡寒枝不肯棲，寂寞沙洲冷。」[18]這是多麼孤高的身影，說明自己為了理想，不願意和小人同流合汙，縱使孑然一身，也不願偷安高位。就是這樣的信念，讓蘇軾在貶謫黃州期間，甘於愛君，志在報國。

元祐八年六月，章惇、張商英等人祖述舒亶、李定、朱光庭、傅堯俞、王巖叟等訕謗之罪，告下，蘇軾落左承議郎，責授建昌

---

14 王文誥譔《蘇文忠公詩編註集成》總案卷 20，頁 809。
15 石聲淮、唐玲玲箋註《東坡樂府編年箋註》〈西江月〉（臺北：華正書局，2005 年 9 月），頁 161。
16 石聲淮、唐玲玲箋註《東坡樂府編年箋註》，頁 161。
17 石聲淮、唐玲玲箋註《東坡樂府編年箋註》，頁 210。
18 石聲淮、唐玲玲箋註《東坡樂府編年箋註》，頁 231。

軍司馬，惠州安置。這些人是新黨、朔黨、洛黨的在朝人士，他們群起攻之，蘇軾心中也非常明白他被貶謫是早晚的事。蘇軾為何把這一班人等都得罪了？他說：「凡一時觸陛進退之眾，皆兩宮威福賞罰之公，既在代言，敢思逃責？苟不能敷揚上意，尊朝廷於日月之明，則何以聳動四方，鼓號令於雷霆之震？固當昭陳功伐，直喻正邪，豈臣愚敢有於私心，蓋王言不可以匿旨。」[19]可見他自知罪責，就在於在翰林院執掌詔令文字，得罪所有的黨派，尤其是得罪了當朝宰相章惇，這個無時無刻想消滅蘇軾的「舊友」。

蘇軾第二次被貶到惠州，已是「左手不仁，右臂緩弱，六十之年，頭童齒豁」他說：「疾病如此，理不久長，而所負罪名至重，上孤恩義，下愧平生，悸傷血氣，憂隔飲食，所以疾病有加無瘳，加以素來不善治生，祿賜所得，隨手耗盡，道路之費，囊橐已空。」[20]年過六旬的他，感受到筋疲力盡，空無所有，面臨再次貶謫，他的心境自然與貶謫黃州時，大不相同。

蘇軾到惠州，自言：「到惠將半年，風土食物不惡，吏民相待甚厚。」[21]，他也曾說：「環州多白水，際海皆蒼山。以彼無盡景，寓我有限年。東家著孔丘，西家著顏淵。市為不二價，農為不爭田。周公與管蔡，恨不茅三間。我飽一飯足，薇蕨補食前。門生饋薪米，救我廚無烟。斗酒與隻雞，酣歌餞華顛。」[22]，然他為痔疾所患，他說：「瘴癘病人，北方何嘗不病，是病皆死得人，何必

---

[19] 張志烈、馬德富、周裕鍇主編《蘇軾文集校註》〈英州謝上表〉卷 24，頁 2823。

[20] 張志烈、馬德富、周裕鍇主編《蘇軾文集校註》〈赴英州乞舟行狀〉卷 37，頁 3642。

[21] 王文誥譔《蘇文忠公詩編註集成》總案卷 39，頁 1306。

[22] 王文誥、馮應榴輯註《蘇軾詩集》〈和陶歸園田居〉六首其一，卷 39，頁 2104。

瘴氣，但苦無醫藥」[23]，〈答黃魯直〉提到：「數日來苦痔疾，百藥不效，遂斷肉菜五味，日食淡麵兩椀，胡麻、茯苓麵數杯，其戒又嚴於魯直。」[24]於程正輔書中，也屢次提及[25]，因此他已對北徙絕望。紹聖三年，他移居白鶴新居[26]，有詩以記，言「吾紹聖元年十月二日，至惠州，寓居合江樓。是月十八日，遷於嘉祐寺。二年三月十九日，復遷於合江樓。三年四月二十日，復歸於嘉祐寺。時方卜居白鶴峰之上，新居成，庶幾其少安乎？」數度遷徙，疲於奔命。七月，朝雲病逝。未貶惠州時，王潤之仙逝，朝雲伴他到惠州[27]，朝雲年三十四即逝，蘇軾從此孑然一人，只有兒子相伴了。

貶謫惠州的蘇軾，為疾所苦，又失去朝雲的陪伴，心境與黃州時大不相同。黃州時他猶且有力耕作，此時他常靜坐、散步，就在他寫下〈縱筆〉詩：「白頭蕭散滿霜風，小閣藤床寄病容。報道先生春睡美，道人輕打五更鐘。」[28]又再一次引起了章惇報復之心。紹聖四年，章惇又以沈括等人譴責蘇軾訕謗之說，將他貶到了瓊州[29]。

蘇軾在惠州寫下了大量的和陶詩，將心中的塊壘盡賦詩中，同時，也總結了他大起大落的人生省思。先是〈和陶歸園田居〉敘惠州生活，而後是〈和陶貧士〉自言貧況流離，再者言移居，而有〈和陶移居〉二首，〈和陶歲暮作和張常侍〉則身體衰弱，薪米常缺。他在〈和陶時運〉四首，提及遷居白鶴峰新居，「子孫遠

---

[23] 張志烈、馬德富、周裕鍇主編《蘇軾文集校註》〈與參寥子二十一首〉其十七，卷 61，頁 672。

[24] 張志烈、馬德富、周裕鍇主編《蘇軾文集校註》卷 52，頁 5744。

[25] 王文誥譔《蘇文忠公詩編註集成》總案卷 39，頁 1320、1333。

[26] 王文誥、馮應榴輯註《蘇軾詩集》〈遷居〉卷 40，頁 2194。

[27] 王文誥譔《蘇文忠公詩編註集成》總案卷 40，頁 1351。

[28] 王文誥、馮應榴輯註《蘇軾詩集》卷 40，頁 2203。

[29] 王文誥譔《蘇文忠公詩編註集成》總案卷 40，頁 1375。

至，笑語紛如」，此時，唯有家庭的溫暖，能安慰寂寥的心靈了！

若說黃州貶謫，對蘇軾言而是一大震撼，那麼惠州遷謫，蘇軾是心中有數的；黃州苦況，他年輕力富，猶可耕作；惠州窮愁，他年老體衰，惟能靜養；黃州時期，他仍懷抱滿懷希望，希望有朝一日報效朝廷，惠州南遷，他心思不復北徙，只想頤養天年。這樣迥然不同的心境，全因「訕謗之說」如影隨形，貫串了他的一生，直至元祐四年，他再次南遷到瓊州，朝廷的群小仍未放過他。

參、蘇軾惠州詩中的思想

面對橫逆，每個人的想法和態度是不一樣的，蘇軾到惠州後，也努力的調適自己的心境。他說：「前年侍玉輦，端門萬枝燈。壁月挂果恩，珠星綴觚稜。去年中山府，老病亦宵興。牙旗穿夜市，鐵馬響春冰。今年江海上，雲房寄山僧。」[30]自臺閣大員變成一介孤臣，眼前盡是蕭索景象。他的〈連江雨漲〉二首其二云：「急雨蕭蕭作晚涼，臥聞榕葉響長廊。微明燈火耿殘夢，半濕簾櫳浥舊香。高浪隱牀吹甕盎，暗風驚樹擺琳琅。先生不出晴無用，留與空堦滴夜長。」[31]從蕭蕭、微明、殘夢、驚等字眼，可看出心境的轉折。雖然他心中仍有美好的盼望，「我願天公憐赤子，莫生尤物為瘡痏。雨順風調百穀登，民不飢寒為上瑞。」[32]然畢竟到惠一年，「衣食漸窘，樽俎蕭然」[33]，因此有致仕歸老之意。

他在〈遷居〉詩中，提到「已買白鶴峰，規作終老計」，〈撷菜〉詩序言「吾借王參軍地種菜，不及半畝，而吾與過子終年飽飫，夜半飲醉，無以解酒，輒撷菜煮之。味含土膏，氣飽風露，

---

[30] 王文誥、馮應榴輯註《蘇軾詩集》〈上元夜〉卷 39，頁 2098。
[31] 王文誥、馮應榴輯註《蘇軾詩集》卷 39，頁 2120。
[32] 王文誥、馮應榴輯註《蘇軾詩集》〈荔支歎〉卷 39，頁 2127。
[33] 王文誥、馮應榴輯註《蘇軾詩集》卷 39，頁 2136。

雖梁肉不及也。」[34]生活不得不種菜，在物質上是極其克難，但他樂易的天性，曾說「此心安處是吾鄉」、「三年瘴海上，越嶠真我家」、「中原北望無歸日，鄰火村舂自往還。」[35]他也真心的把惠州當成自己的家了。最後他終於情不自禁的說出一生的反思：「我生類如此，何適不艱難？」[36]

自覺一生的艱難，是感知黃州貶謫之後，本以為回朝報效國君，可以一展長才，不料受到政敵的圍剿，不得不三次自請外任，三次返朝，黨爭卻演越烈。如今被貶惠州，雖仍懷抱著北歸的心，但隨著張耒的連坐徙宣州、朝雲的去世、一連串的遷居，他的想法已有了改變。「幸有餘薪米，養此老不才。至味久不壞，可為子孫貽」、「新居已覆瓦，無復風雨憂」、「繫夢豈無羅帶水，割愁還有劍鋩山。中原北望無歸日，鄰火村舂自往還。」[37]，他對物質的慾望不高，自謂白鶴新居可為子孫留下安身之處，同時也斷絕北歸的念頭。蘇軾在〈三月二十九日〉二首，寫道：「南嶺過雲開紫翠，北江飛雨送淒涼。酒醒夢回春盡日，閉門隱几坐燒香。」[38]他的日常是飲酒自娛，閉門燒香，何等自適！

蘇軾是一個喜歡登山臨水的人，他常與友人一起遊樂。在惠州，他遊白水山、香積寺、棲禪寺、松風亭，同時，惠州西湖也是他流連忘返之處。他在〈江月〉五首并引提到：「嶺南氣候不常，吾嘗曰：菊花開時乃重陽，涼天佳月即中秋，不須以日月為斷也。今歲九月，殘暑方退，既望之後，月初愈遲。予嘗夜起登合江樓，或與客遊豐湖，入棲禪寺，叩羅浮道院，登逍遙臺，逮曉乃歸。

---

34 王文誥、馮應榴輯註《蘇軾詩集》卷40，頁2202。
35 王文誥、馮應榴輯註《蘇軾詩集》卷40，頁2215。
36 王文誥、馮應榴輯註《蘇軾詩集》卷40，頁2218。
37 王文誥、馮應榴輯註《蘇軾詩集》卷40，頁2205、2209、2215。
38 王文誥、馮應榴輯註《蘇軾詩集》卷40，頁2226。

」[39]他與友人登臨禪院，遊賞西湖，是忘卻翰林學士玉堂生活的一種方式。他的縱情山水、散步遊覽，也是創作詩文的靈感來源。藉著走入大自然，他了解生命的真諦，儘管外界如何變化，只要心中保持平和，就沒有不快樂的理由。

他的盡和陶詩，是生命的深刻反思。陶淵明了解自己的性情，不喜歡官場送往迎來的生活，毅然決然歸耕田園，在當時是一種勇氣的表現。蘇軾在和陶淵明詩一百零九首中，先是在揚州和陶〈飲酒〉二十首，而後大部分寫於惠州，完成於儋州。他一方面景仰陶淵明志節崇高，淡泊名利，另一方面也表達自己生性曠達，亦澹泊名利。他說：

> 吾於詩人，無所甚好，獨好淵明之詩。淵明作詩不多，然其詩質而實綺，癯而實腴，自曹、劉、鮑、謝、李、杜諸人，皆莫及也。吾前後和其詩，凡一百有九篇，至其得意，自謂不甚愧淵明……。然吾於淵明，豈獨好其詩也？如其為人，實有感焉。淵明臨終《疏》告儼等，:「吾少而窮苦，每以家弊，東西游走，性剛才拙，與物多忤。自量為己，必貽俗患，俯仰辭世，使汝等幼而飢寒。」淵明此語，蓋實錄也。吾真有此病，而不早自知，平生出仕以犯世患，此所以深愧淵明，欲以晚節師其萬一也。[40]

蘇軾不獨喜歡陶詩，而是自覺「性剛才拙」、「與物多忤」，換言之，不能與人同其流、合其汙，於政治理念上，黨爭不已，卻無勇氣急流勇退，不像陶淵明深知自己不適合官場，就勇敢辭官，躬耕隴畝，盡享田園之樂。

試看他的〈和陶飲酒〉：「我不如陶生，世事纏綿之。云何得

---

[39] 王文誥、馮應榴輯註《蘇軾詩集》卷 39，頁 2140。
[40] 王文誥、馮應榴輯註《蘇軾詩集》和陶〈飲酒〉二十首并敘，卷 35，頁 1882。

一適？亦有如生時。寸田無荊棘，佳處正在茲。縱心與事往，所遇無復疑。偶得酒中趣，空杯亦常持。」[41]在這裡，他道出自己與陶淵明不同之處，在於置身官場，戀而不捨；嚮往田園，了無罣礙，而相同之處，則是喜歡杯中物，能自娛自樂。這也是他在和陶詩中的自覺。

到了惠州之後，他有〈和陶歸園田居〉六首，表明要盡和陶詩。〈和陶讀《山海經》〉十三首，其七云「口耳固多偽，識真要在心」，了解反求諸心的重要；其十三云：「東坡信畸人，涉世真散才。仇池有歸路，羅浮豈徒來？」明白自己為什麼被貶謫到惠州來。〈和陶貧士〉七首其三云：「誰謂淵明貧？尚有一素琴。心閒手自適，寄此無窮音」，他明白精神生活的愉快，更甚於物質的享受。〈和陶己酉歲九月九日〉：「持此萬家春，一酬五柳陶」，尚友古人，何寂寞之有？他寫〈和陶詠二疏〉、〈和陶詠三良〉、〈和陶詠荊軻〉，傳達了「仕宦豈不榮，有時纏憂悲」的感想。隨著自己的遷居，他有〈和陶移居〉二首、〈和陶陶花源〉、〈和陶乞食〉、〈和陶和胡西曹示顧賊曹〉、〈和陶酬劉柴桑〉、〈和陶歲暮作和張常侍〉、〈和陶時運〉四首、〈和陶答龐參軍〉六首，從這些詩的字裡行間，我們看到了他自省的軌跡，也從中體會他在惠州的心境。

這是蘇軾對其一生深自反思，了解到自己的侷限。倘若他能早點醒悟，或許在元祐年間就選擇辭官，也不至於再貶惠州、復貶儋州了！這一切，仍歸因於他一念忠誠，「許國心猶在」，雖然孤臣無力可回天。元祐元年到八年，蘇軾戮力從公，與政敵們周旋萬端，所有心力盡付章表奏摺、告詞尺牘，「臣白首復來，丹心已折。望西清之惟幄，久立徬徨；聞長樂之鐘鼓，怳如夢寐」[42]，

---

[41] 王文誥、馮應榴輯註《蘇軾詩集》和陶〈飲酒〉二十首其一，卷 35，頁 1883。

[42] 張志烈、馬德富、周裕鍇主編《蘇軾文集校註》〈謝兼侍讀表〉二首，卷 24，頁 2749。

心力之耗損，可見一斑。

惠州詩中，〈荔支歎〉算是最特別的一首了。他在詩中寄寓當時官場的文化，提出了嚴正的譴責。詩中說：「君不見武夷溪邊粟粒芽，前丁後蔡相籠加？爭相買寵各出意，今年鬥品充官茶。吾君所乏豈此物，致養口體何陋耶？洛陽相君忠孝家，可憐亦進姚黃花。」[43]宋朝為官者，為藉晉身權位常不惜獻貢茶、名種牡丹，他借唐之歲貢荔支，來諷宋之貢茶、貢牡丹，微言大義，極盡諷諭之能事。蘇軾離開朝廷的官職，何以看到荔支，又興起這些感慨呢？那是因為他仍掛念朝廷，思念國君，仍想要盡進忠言，希望能感化朝庭中的權臣，然而，報效卻無門啊！

肆、結語

蘇軾在〈答李公擇〉書中，曾言：「吾儕雖老且窮，而道理貫心肝，忠義填骨髓，直須談笑於死生之際。若見僕困窮便相於邑，則與不學道者大不相遠矣。」[44]蘇軾忠君愛民，直道而行，至於自己的禍福得失，全置之度外。這是因為他秉持著儒家忠孝仁義的精神，對於杜甫「致君堯舜上，再使風俗淳」[45]，他拳拳服膺，因此，他犯顏直諫、寫詩諷諭，導致貶謫黃州。他個性剛直、言其所當言，只講是非，不計利害，北宋黨爭之際，他雖仕宦得意，但卻得罪朝廷一干小人，因此再貶惠州。終其一生，初仕時得罪新法的王安石，元祐返朝後，又得罪了章惇，注定了再貶瓊州的命運。

惠州的貶謫生涯，是他對生命的深刻反思。他重新回到澹泊

---

43 王文誥、馮應榴輯註《蘇軾詩集》，卷 39，頁 1883。
44 張志烈、馬德富、周裕鍇主編《蘇軾文集校註》卷 51，頁 5617。
45 王叔原編《杜工部集》〈奉贈韋左丞丈二十二韻〉，（臺北：學生書局，1971年 2 月），頁 10。

蔬食的日常，拖著病體，回想自己的個性，實不適合官宦的生活。「嗟我本狂直，早為世所捐[46]」，他因此盡和陶詩，不獨是欣賞陶詩「質而實綺，癯而實腴」，更是自覺到「性剛才拙」、「與物多忤」，不能如陶淵明有自知之明，早日歸隱，以致有終生之累。然而，畢仲游勸他「職非御史，官非諫臣，……而非人所為非，是人所未是，危身觸諱[47]」，恐怕他因而招禍，但他無所顧忌，一切聽任心中的直覺，因為「聖人不私於身」，在他心中，是以成聖成賢自許的。

蘇軾理解人的靈魂，不但棲於軀體，亦充塞於整個宇宙之間。他在惠州出入釋道之間，走訪禪寺，以道養生，因而無論遭逢榮辱夷險，無往而不自得。他說：「我生有定數，祿盡空餘壽。枯揚不飛花，膏澤回衰朽。謂我此為覺，物至了不受。謂我今方夢，此心初不垢。非夢亦非覺，請問希夷叟。」[48]他超然物外，怡然自得，因此常能隨遇而安。

在惠州，他雖偶有〈荔支歎〉諷諭之作，但大部分作品流露的是樂易隨性的想法。〈縱筆〉詩：「白頭蕭散滿霜風，小閣藤床寄病容。報道先生春睡美，道人輕打五更鐘。」[49]隨順生命的自然變化，感知外在的溫柔體貼，是他惠州的總結。可惜這樣的感恩之心，聽在章惇的耳裡，竟興起他的嫉妒之情，再次將蘇軾貶謫到天涯海角的儋州。他在〈到昌化軍謝表〉中說：「臣孤老無託，瘴癘交攻，子孫慟哭於江邊，以為死別；魑魅逢迎於海外，寧許生還？念報德之何時，俯伏流涕，不知所云。」[50]心中的驚懼，溢

---

46 王文誥、馮應榴輯註《蘇軾詩集》〈懷西湖寄晁美叔同年〉，卷13，頁644。

47 見《西台集》卷8，取自於：中國哲學書電子化，網址：https://ctext.org/wiki.pl?if=gb&chapter=927172&remap=gb。

48 王文誥、馮應榴輯註《蘇軾詩集》〈午窗坐睡〉，卷41，頁2286。

49 王文誥、馮應榴輯註《蘇軾詩集》〈縱筆〉，卷40，頁2203。

50 張志烈、馬德富、周裕鍇主編《蘇軾文集校註》卷24，頁2786。

於言表。

惠州詩是蘇軾從臺閣大員貶謫為一介孤臣的重要階段，生命的大起大落，更可看出一個人的節操。蘇軾的調適能力極佳，能安於天命的安排，隨順自然的法則，而不自怨自艾。我們從惠州的盡和陶詩，看出他深自的體悟：性剛直褊、與物多忤，是其所是，非其所非。幸好他才華特出，思想敏捷，以創作為樂。他嘗說：「某平生無快意事，惟作文章，意之所到，則筆力曲折，無不盡意，自謂世間樂事無踰於此矣！」[51]他的文思泉湧，來自於天資聰穎，過目不忘。《甲申雜記》云：

> 李承之奉世知南京，嘗謂予曰：「昨在侍從班時，李定資深鞠蘇子瞻獄，雖同列不敢輒啟問。一日，資深於崇政殿前，忽謂諸人曰：蘇軾誠奇才也！眾莫敢對。已而曰：雖二三十年所作文字詩句，引證經傳，隨問即答，無一字差舛，誠天下之奇才也。嘆息不已。[52]

有這樣的天資，加上後天的努力，蘇軾注定掩不住才華，要以此展現他的學識與洞見了。《宋史》稱東坡：「器識之閎偉，議論之卓犖，文章之雄雋，政事之精明，四者皆能以特立之志為之主，而以邁往之氣輔之。故意之所向，言足以答其有猷，行足以遂其有為。至於禍患之來，節義足以固其有守，皆志與氣所為也。」[53]一方面讚許他在政治、文學上的特出，另一方面讚美他的節操，能於患難之時，固守氣節，為所當為。

蘇軾每到一處，日常生活免不了寫景、抒感，也都有可觀之

---

[51] 《春渚紀聞》卷 6，取自於：中國哲學書電子化，網址：https://ctext.org/wiki.pl?if=gb&chapter=103647。

[52] 王鞏《甲申雜記》，取自於：https://zh.m.wikisource.org/zh–。

[53] 《宋史》〈蘇軾列傳〉卷 338，取自於：http://cls.lib.ntu.edu.tw/su_shih/su_people/su_biography.htm。

處。就在他被貶瓊州之前,他有〈三月二十九日〉二首,其二云:
「**門外橘花猶的皪,牆頭荔子已斑斕。樹暗草深入靜處,卷簾敧
枕臥看山。**」[54]雖是寥寥數語,卻道出了他能自我排遣的方法,所
以他本以為惠州是他晚年安身立命的地方了,卻沒想到海外蓬萊
召喚著他,使他又經歷了前所未有的體驗。

若說惠州對他的意義是什麼?他自言「**問汝平生功業:黃州、
惠州、儋州**」[55],這三次的貶謫,對他的人生起了極大的作用。黃
州他創作了大量的詩詞,膾炙人口;惠州他對生命有深刻的反思,
回歸自我,也因此有了儋州的「**九死南荒吾不恨,茲游奇絕冠平
生**」豁達的襟懷。

---

[54] 王文誥、馮應榴輯註《蘇軾詩集》,卷 40,頁 2226。
[55] 王文誥、馮應榴輯註《蘇軾詩集》〈自題金山畫像〉,卷 48,頁 2641。

12

蘇軾居儋的待與無待

摘要

　　紹聖四年，蘇軾被貶到儋州，六月渡海，一直到元符三年六月北返，這三年間，是蘇軾晚年的歲月。歷經黃州、惠州的貶謫生活，這已經是第三次的打擊。居儋期間，蘇軾究竟有何「待」？抑或「無待」？本文從蘇軾居儋開始，探究其對「時與命」的看法。黃州被貶之後，蘇軾已有一番徹悟，他的才名太高，引來小人的圍攻，雖歷經要職，但這場人生的戰鬥，是他無可逃避的宿命。及至貶謫惠州，乃至到儋州，他始終相信「死生有命」，但無論什麼境地，他都相信上天會給他曙光，還他公道。蘇軾的「待」，提醒後人永不放棄；他的「無待」，告訴我們凡事莫要強求，要能委時順命，不啻為後世人們提供省思，亦給予後人無比的啟示。

關鍵詞：蘇軾、儋州、時與命、待與無待

壹、前言

　　蘇軾自被貶謫惠州，本以為生還無望，然一過嶺表，天氣清徹，他悟歎：「吾南遷其速返乎，此退之〈衡山〉之祥也」，自此開啟他在惠州的生活。蘇軾在惠州的生活，並不好過，他自敘遷惠一年生活的苦況，是「衣食漸窘」且「樽俎蕭然。」[1]而後在〈遷居〉詩中，又自言：「吾紹聖元年十月二日，至惠州寓居合江樓。是月十八日，遷於嘉祐寺。二年三月十九日，復遷於合江樓。三年四月二十日，復歸於嘉祐寺。時方卜築白鶴峰之上，新居成，庶幾其少安乎？」[2]從紹聖元年到三年，才稍稍的安定下來。〈遷居〉詩裡，蘇軾自言：「吾生本無待，俯仰了此世。念念自成劫，塵塵各有際」。在此，提出了「無待」的概念。

　　在蘇軾心裡，隱約的知道「中原北望無歸日」[3]，但他萬萬沒有想到，接下來是被貶謫到天涯海角的儋州。蘇軾在〈昌化軍謝表〉裡提到：「臣孤老無託，癉瘵交攻。子孫痛哭於江邊，以為死別。魑魅逢迎於海外，寧許生還？」[4]，言下之意，只有一個等待，那就是活著回中原。

　　待與無待，代表著一個人的希望。人因為有所待，所以能勇度難關，無視於物質生活的貧乏，人因為「無待」，因此委順天命，任運流行。蘇軾在儋州三年，是怎樣的一種心境？他究竟等待什麼？又不等待什麼？這個主題很值得我們探究。本文即從蘇

1　王文誥、馮應榴輯註《蘇軾詩集》卷 39，題為〈和陶貧士七首〉并引，學海出版社，頁 2136。
2　同註 1，題為〈遷居〉并引，頁 2194。
3　同註 1，題為〈白鶴峰新居欲成，夜過西鄰翟秀才，二首〉，頁 2215。
4　參見《經進東坡文集事略・昌化軍謝表》，世界書局，1975 年 1 月再版，頁 445。

軾在儋州三年的生活，來探討他對「時與命」的看法，期能給後人些許啟發。

貳、蘇軾對時與命的看法

有關時與命的探討，莊子〈秋水〉有一段論述，最為人所熟知。〈秋水〉篇說：

> 道無終始，物有死生，不恃其成。一虛一滿，不位乎其形。年不可舉，時不可止。消息盈虛，終則有始，是所以語大義之方，論萬物之理也。物之生也，若驟若馳。無動而不變，無時而不移，何為乎？何不為乎？夫固將自化。[5]

物的終始，我們必須以平常心看待。因為萬物存在著盈虛的變化，時間過了，不會再回頭；事物的生成變化，也是周而復始的，這就是萬物的「道理」，因此，時間是變動不居的，他也隨著我們的心態變化，我們的作為，必須隨順自然。莊子的說法，告訴我們了解「時間」的特質，隨順自然，「察乎安危，寧於禍福，謹於去就，莫之能害也。」這與孟子的說法，顯然有很大的不同。

孟子認為君子待時，時至則事半功倍。〈公孫丑〉云：「齊人有言曰，雖有智慧，不如乘勢；雖有鎡基，不如待時。」[6]等待時機，以便有一番作為，毋寧是比較積極的想法。蘇軾基本上是認同孟子的說法的，但在貶謫的歲月裡，他別無選擇的向莊子靠攏，因為莊子所說的「知時無止，察乎盈虛，故得而不喜，失而不憂，知分之無常」，的確說穿了人世間的無奈。

---

5 參見王先謙《莊子集解·秋水》卷 4，(臺北：華正書局，1975 年 3 月)，頁 109。

6 《十三經註疏·孟子·公孫丑》上，(臺北：藝文印書館，1981 年 1 月)，頁 52。

　　蘇軾在儋州，仍如被貶黃州一樣，感受到「東坡日夜長」。初到儋，暫居官舍，後被逐，建「桃榔菴」；日食芋藷，間或有親友帶物資前來，才有肉食。每颱風來，斷去日常食物，輒採野菜、用藷芋調「玉糝羹」，自以為世間無此味。居儋時間對蘇軾而言，「老去獨收人所棄，游哉時到物之初」[7]，又回到了他和蘇轍進京趕考時，兩兄弟吃「畾」飯的情形[8]。他不禁發出「此生當安歸，四顧真途窮」[9]的感慨。

　　若說「人生如夢」這個主題，代表時間的短暫，那麼，蘇軾居儋經常提及的就是「夢」字。他在〈夜夢〉并引提到「七月十三日，至儋州十餘日矣，澹然無一事，學道未至，靜極生愁。夜夢如此，不免以書自怡。」詩云：

> 夜夢嬉游童子如，父師檢責驚走書。計功當畢春秋餘，今乃粗及桓、莊初。怛然悸寤心不舒，坐有如掛鈎魚起。我生紛紛嬰百緣，氣固多習獨此偏。棄書事君四十年，仕不顧留書繞纏。自視汝與丘孰賢？《易》韋三絕丘猶然，如我當以犀革編。[10]

當此時，蘇軾回首仕宦四十年，將著書的心願擱置一邊，如今已到了時候，他想完成《易傳》的心願已來到眼前。除了盡和陶詩之外，他致力於《易傳》、《書傳》和《論語說》的撰寫，蘇轍說他「居海南，作《書傳》，推明上古之絕學，多先儒所未言」[11]他似乎已意識到，天命如此，此時正是他了卻心願的時候，若能完成未竟的功業，那他死也無憾了。他在〈獨覺〉一詩中云：

---

[7]　同註 1，題為〈客俎經旬無肉，又子由勸不讀書，蕭然清坐，乃無一事〉，頁 2258。

[8]　曾慥《高齋漫錄》：「錢穆父召東坡食畾飯。及至，設飯一盂，蘿蔔一碟，白湯一盞，蓋以三白為畾也。」。

[9]　同註 1，題為〈行瓊、儋間，肩輿坐睡。夢中得句云：千山動鱗甲，萬谷酣笙鐘，覺而遇清風急雨，戲作此數句〉，頁 2246。

[10]　同註 1，頁 2251。

[11]　同註 1，見〈欒城集墓誌銘〉，頁 2813。

瘴霧三年恬不怪，反畏北風生體疿。朝來縮頸似寒鴉，焰火生薪聊一快。紅波翻屋春風起，先生默坐春風裡。浮空眼纈散雲霞，無數心花發桃李。倏然獨覺午窗明，欲覺猶聞醉鼾聲。回首向來蕭瑟處，也無風雨也無晴。[12]

這如夢似幻的場景，他歸結到「也無風雨也無晴」，似乎對於自己的「命」有了深層的了解。

「事如春夢了無痕」，是時間的流轉，使一切事物過而不返。有一次，他行歌郊野田畝之間，遇到一老嫗，對他說：「內翰昔日富貴，一場春夢耶？」[13]蘇軾向來對於「命」看得很淡泊，死生有命，他與莊子有相同的體會。

莊子對於命，也有他的一番見解。莊子〈大宗師〉提到「命」的本質：「死生命也，其有夜旦之常，天也。…夫大塊載我以形，勞我以生，佚我以老，息我以死。故善吾生者，乃所以善吾死也。」[14]生命的自然生成，人無力可以改變，那麼，為什麼有人幸運，又有人不幸呢？莊子也解釋：「得者，時也；失者，順也。安時而處順，哀樂不能入也。」人若能安時處順，那麼，得失可以不掛懷，自然就可以保全這一生了。蘇軾對於莊子所說的道理，是拳拳服膺的。我們從他的〈超然台記〉：「凡物皆有可觀，苟有可觀，皆有可樂…。余之無所往而不樂者，蓋遊於物之外也。」[15]由此可知，蘇軾是深諳其道的。

在莊子眼中，「至人無己，神人無功，聖人無名」，只有他們才能真正的不受羈絆，遊於物之外，尤其是「至人」。莊子在〈天道〉中，提到「至人有世，不亦大乎，而不足以為之累。天下奮

---

[12] 同註 1，頁 2284。
[13] 參見《蘇軾詩集合註》卷 42，(上海：上海古籍出版社，2009 年)，頁 2174。
[14] 同註 5，頁 42。
[15] 同註 4，頁 831。

楝，而不與之協。審乎無暇，而不與利遷，極物之真，能守其本，故外天地、遺萬物，而神未嘗有所困也。」[16]至人從來不知道有自己，進而充實自己、完成自己，最後忘掉自己，達到「無己」的境界。看似無己，其實就是「無待」。把「有待」加以昇華、開展，就可以達到無己、無功、無名，也才能不以物役，而能役於物，保持心靈的本質，觀照整個宇宙人生。

蘇軾對於「命」，若有所悟。他自言唐代韓愈是魔羯在身宮，自己是魔羯在命宮，所以兩人都是多得「謗譽」。《東坡志林》云：「退之詩云：『我生之辰，月宿直斗』。乃知退之魔羯為身宮，而僕乃以魔羯為命，平生多得謗譽，殆是同病也。」[17]這是在回首前塵時，有了初次的體悟。有這樣的體悟，使他不怨天、不尤人，只是順命、運命，同時同情命運不如自己的人。他在黃州時，馬夢得為他尋了一塊營地，供他耕種，他心懷感激，在〈東坡八首〉并敘其八，提到了：「馬生本窮士，從我二十年。日夜望我貴，求分買山錢。我今反累君，借耕輟茲田。刮毛龜背上，何時得成氈。可憐馬生癡，至今夸我賢。眾笑終不悔，施一當獲千。」[18]馬夢得對蘇軾不離不棄，使蘇軾深受感動。《東坡志林》載他與蘇軾同齡，且說：「馬夢得與僕同歲同月生，少僕八日。是歲生者無富貴人，而僕與夢得為窮之冠。即吾二人而觀之，當推夢得為首。」[19]這裡不是幸災樂禍之詞，而是憐憫馬夢得對自己的期待，恐怕會讓他失望。命運的不可捉摸，就連蘇軾有時也懷疑自己。他自言：「吾無求於世矣，所須二頃田以足饘粥耳。而所至訪問，終不可得。

---

[16] 同註 5，頁 91。
[17] 蘇軾《東坡志林‧命分》，(北京：京華出版社，2000 年第一版)，頁 18。
[18] 同註 1，頁 1084。
[19] 同註 17，頁 19。

豈吾道方艱難，無適可耶？亦人生自有定分，雖一飽亦如功名富貴不可輕得也。」[20]命如果是前定，那就應驗了一句話：「得之，我幸；不得，我命」，對於得失，也就可以不掛懷了。無論身處何地，蘇軾都很清楚的知道自己能做什麼，不該做什麼，所以他「行藏由時，寵辱皆驚」；由於體會到「萬般皆是命，半點不由人」，所以他所到之處順命、運命，不怨天尤人。就是這樣豁達的人生觀，他才能在晚年被貶海南時，安心度日，最終成為北宋文人被貶到儋州還能生還的第一人。

參、蘇軾居儋的待與無待

蘇軾到了梧州，寫了一首詩給蘇轍，詩中表達窮達、得失不在胸中的心情。詩云：「九疑聯綿屬衡湘，蒼梧獨在天一方。孤城吹角煙樹裡，落日未落江蒼茫。幽人拊枕坐嘆息，我行忽至舜所藏。江邊父老能說子，白鬚紅頰如君長。莫嫌瓊雷隔雲海，聖恩尚許遙相望。平生學道真實意，豈與窮達俱存亡？他年誰作輿地志，海南萬里真吾鄉。」[21]此時此刻，他自稱學道的真諦，是將窮達付之於腦後，期勉蘇轍當如是。事實上，在蘇軾被貶惠州的時候，他寫了〈贈嶺上老人〉詩，當時心境是恐怕自己無法回到中原的。詩云：「鶴骨霜髯心已灰，青松合抱手親栽。問翁大庾嶺上住，曾見南遷幾人回？」[22]幸好蘇轍和詩安慰他，認為他業障已消，應可以平安北返。兄弟倆人的情誼深厚，無疑地給了蘇軾莫大的安慰。如今，聽說蘇轍被貶雷州，彼此近在咫尺，興起了蘇

---

[20] 同註17。

[21] 同註1，題為〈吾謫海南，子由雷州，被命即行，了不相知，至梧乃聞其尚在藤也，旦夕當追及，作此詩示之〉，頁2243。

[22] 同註1，頁2424。

軾的第一個「等待」，也就是與子由重逢。兩兄弟相處四天，各自赴貶所，從此不再相見。雖說不相見，但蘇軾心中仍牽掛著弟弟，何況他們曾相約老了能退而樂呢！[23]

　　若說蘇軾在儋州的第一個等待，那也就是等待與蘇轍再相逢，共享天倫之樂。除了寫詩給蘇轍之外，兩個人也時有唱和。蘇軾〈聞子由瘦〉詩云：

> 五日一見花豬肉，十日一遇黃雞粥。土人頓頓食藷芋，薦以薰鼠燒蝙蝠。舊聞蜜唧嘗嘔吐，稍近蝦蟆緣習俗。十年京國厭肥羜，日日烝花壓紅玉。從來此腹負將軍，今者固宜安脫粟。人言天下無正味，蝍蛆未遽賢麋鹿。海康別駕復何為？帽寬帶落驚童僕。相看會作兩臞仙，還鄉定可騎黃鵠。[24]

從詩中可以看出蘇軾在海南的生活苦況，同時也看到了蘇軾的期盼「相看會作兩臞仙，還鄉定可騎黃鵠」，期望能與蘇轍一起還鄉。生活如此的困頓，蘇軾倒也安之若素，無論處在任何艱困的環境，蘇軾都「無待」。當董必派屬員過海查看，將蘇軾逐出官舍，蘇軾只好到城南築屋，名為「桄榔菴」。這時，蘇軾〈新居〉就表現出無比的豁達：「朝陽入北林，竹樹散疏影。短籬尋丈間，寄我無窮境。舊居無一席，逐客猶遭屏。結茅得茲地，翳翳村巷永。數朝風雨涼，畦菊發新穎。俯仰可卒歲，何必謀二頃。」[25]前此，他曾說想要謀二頃都不可得，現在有竹籬茅屋可遮風避雨，對蘇軾而言就足夠了，因為如果命中注定如此，他能有何奢求呢？此時他

---

[23] 蘇軾有〈初秋寄子由〉，描寫兩兄弟相處的情形：「憶在懷遠驛，閉門秋暑中。藜羹對書史，揮汗與子同。……買田秋已議，築室春當成。雪堂風雨夜，已作對牀聲。」與子由有「對床夜語」之約。
[24] 同註1，頁2258。
[25] 同註1，頁2312。

只能隨遇而安。

海南經常受颱風影響，由惠州供給日常生活所需的物品有時中斷，根據他的敘述，「此間食無肉、病無藥、居無室、出無友、冬無炭、夏無寒泉，然亦未易細數，大率皆無也。唯有一幸，無甚瘴也。」[26]既然這樣，蘇軾就採食蒼耳、蔓菁、蘆菔、苦薺等，並以山芋自作「玉糝羹」，詩云：「香似龍涎仍釅白，味如牛乳更全清。莫將南海金齏膾，輕比東坡玉糝羹。」[27]此時的蘇軾，開始思索這海島的瘴癘之氣，究竟是否能讓人生命無虞的問題。他在〈書海南風土〉一文中，提到：

> 嶺南天氣卑濕，地氣蒸溽，而海南尤甚。夏秋之交，物無不腐壞者。人非金石，其何能久？然儋耳頗有老人，年百餘歲者，往往而是，八九十者不論也。乃知壽夭無定，習而安之，則冰蠶火鼠，皆可以生。吾當湛然無思，寓此覺於物表，使折膠之寒，無所施其冽；流金之暑，無所措其毒，百餘歲豈足道哉！[28]

這是蘇軾第二個「等待」，是等待自己可以好好養生，一樣可以像儋耳的老人，長命百歲。他的這個想法，也不是驟然而得，而是經過一番體悟，才有這樣的認知。他曾自言：「吾始至海南，環視天水無際，凄然傷之曰：何時得出此島也？已而思之，天地在積水中，九州在大瀛海中，中國在少海中，有生孰不在島者？」[29]如

---

[26] 《蘇軾全集校註，〈文集〉》，(石家莊：河北人民出版社，2010 年 6 月)，頁249。

[27] 同註 1，題為〈過子忽出新意，以山芋作玉糝羹，色香味皆奇絕。天上酥陀則不可知，人間絕無此味也〉，頁 2316。

[28] 《蘇軾全集校註，〈文集〉》，(石家莊：河北人民出版社，2010 年 6 月)，頁8125。

[29] 王文誥《蘇文忠公詩編註集成總案·蘇海識餘》，(成都：巴蜀書社，1985 年)。并見於朱弁《曲洧舊聞》卷 5，題為蘇軾〈試筆自書〉。

此一轉念，給了他期待，期待養生、讀書，詩酒相娛，有一天可以回到中原。

蘇軾在海南，每日的生活大致不變。「旦起理髮，午窗坐睡，夜臥濯足，以此養生」。〈次韻子由浴罷〉云：「理髮千梳淨，風晞勝湯沐。閉息萬竅通，霧散名乾浴。頹然語默喪，靜見天地復。時令具薪水，漫欲濯腰腹。陶匠不可求，盆斛何由足。」[30]在海南氣候炎熱，而蘇軾連好好的洗一個澡都是奢侈，夜臥時，因海南無浴器，故以兩手揩摩身體，名曰「乾浴」。他的〈謫居三適〉三首也提到「老櫛從我久，齒疏含清風。一洗耳目明，習習萬竅通。」[31]想必此時齒牙動搖，就用梳頭百遍的方式，學習道家養生之方。

至於飯後片刻的休息，也是他在海南的日常生活。「蒲團蟠兩膝，竹几閣雙肘。此間道路熟，徑到無何有。身心兩不見，息息安且久。睡蛇本亦無，何用鉤與手。神凝疑夜禪，體適劇卯酒。我生有定數，祿盡空餘壽。枯楊不飛花，膏澤回衰朽。」[32]神閒氣定之餘，幾至禪定，每日這樣小睡片刻，的確可以養足一天的精神。到了晚上，他習慣泡腳，送走一天的疲憊。他的〈夜臥濯足〉說道：「今我逃空谷，孤城嘯鴟鵂。得米如得珠，食菜不敢留。況有松風聲，釜鬲鳴颼颼。瓦盎深及膝，時復冷熱投。明燈一爪剪，快若鷹辭韝。」[33]把個泡腳、剪指甲這些日常生活的片段，如實的呈現在世人的眼前。從一到海南的不習慣，到適應這裡的生活、氣候，唯一的慰藉是「親情」。聽說蘇轍生第四個孫子，蘇軾寫詩相賀：「無官一身輕，有子萬事足。⋯長留五車書，要使九子讀。」

---

[30] 同註 1，題為〈次韻子由浴罷〉，頁 2302。
[31] 同註 1，頁 2285。
[32] 同註 1，頁 2286。
[33] 同註 1，頁 2286－2287。

³⁴這時候，蘇軾與蘇轍共生有九個男孫，一想到家庭的親情，貶謫的歲月也就微不足道了。

蘇軾在給友人王敏仲的信中說：「某垂老投荒，無復生還之望。昨與長子邁訣，已處置後事矣！今到海南，首當作棺，次便做墓。乃留手疏與諸子，死則葬海外……，生不挈家，死不扶柩，此亦東坡之家風也。」³⁵可知他本來不打算能回到中原的，所以已將後事付諸兒曹，以「無待」的心情面對不可知的未來，但伴隨著與蘇轍的書信往還，他慢慢的從「無待」到「等待」，他在〈過於海舶，得邁寄書、酒。作詩，遠和之，皆粲然可觀。子由有書相慶也，因用其韻賦一篇，并寄諸子姪〉詩中說：

> 我似老牛鞭不動，雨滑泥深四蹄重。汝如黃犢走却來，海闊山高百程送。庶幾門戶有八慈，不恨居鄰無二仲。他年汝曹笏滿床，中夜起舞踏破甕。會當洗眼看騰躍，莫指癡腹笑空洞。譽兒雖是兩翁癖，積德已自三世種。豈惟萬一許生還，尚恐九十煩珍從。六子晨耕簞瓢出，眾婦夜績燈火共。春秋古史乃家法，詩筆〈離騷〉亦時用。³⁶

對子姪輩的諄諄教誨，說明他的「有待」，生命誠可期，他期望可返回中原，共享天倫之樂。

此外，黎族人民的熱情、友善，也給了他貶謫生涯很美的經驗，他對海南也興起了「期待」。起初，是他被逐出官舍時，黎子雲及符、林兩家的子弟，都來幫忙勞務，使蘇軾感受到無比的溫暖。其次，黎人有狩獵的習慣，蘇軾晨起，常有獵人叩門以肉相贈，使他困窘的生活多了一絲慰藉。當地仕紳對於蘇軾父子敬重

---

³⁴ 同註 1，題為〈借前韻賀子由生第四孫斗老〉，頁 2303。
³⁵ 王文誥《蘇文忠公詩編註集成》總案卷 41，(臺北：學生書局，1971 年 2 月)，頁 1377。
³⁶ 同註 1，頁 2306。

有加，也興起了他想教化黎人的想法。當時，黎族人重男輕女，他也寫詩勸化百姓，充分發揮他當父母官的精神。他期待教化黎民，使當地的人能知書達理，男女彼此尊重。海南人不知飲水的重要，逕取溝渠水，以致生病，蘇軾教以鑿井取水，百姓因此得以健康。海南有習俗，生病不就醫，而是宰牛為禱，「以巫為醫，以牛為藥」，蘇軾為此書柳子厚〈牛賦〉一首，勸化百姓[37]。凡此，皆看得出蘇軾對於儋州習俗的觀察入微，並期待移風易俗，讓儋耳不再是化外之地。

他在儋州的詩酒娛樂生活，讓他度過了無聊的貶謫歲月。根據葉夢得《避暑錄話》的記載，蘇軾樂易的天性，不因外在環境的改變而有所變易。葉氏說：

> 子瞻在黃州及嶺表，每旦起，不招客相與語，則必出而訪客。所與遊者，亦不盡擇，各隨其人高下，談諧放蕩，不復為畛畦。有不能談者，則強之說鬼，或辭無有，則曰姑妄言之，于是聞者無不絕倒，皆盡歡而去。設一日無客者，則歉然若有疾。[38]

他與一般百姓的相處，顯然是「無待」的心情，隨遇而安，隨處而樂，只要盡興，說什麼都可以，做什麼也都行。就這樣，他學製墨、釀酒——釀天門冬，做「真一酒」，盡和陶詩。他教姜唐佐讀書，他們一起飲酒、品茶，生活真是多采多姿。

總結蘇軾在儋州的「待」，是對回歸中原的渴望，對天倫之樂的想像以及對儋州人民的期盼，而他的「無待」，則是對黎族老百姓的樂易，以及對自己生活處境艱難的淡然處之。我們回顧他返回中原之後，這些期待是否實現？整體說來，大致上是實現的。

---

[37] 見黃篤書《蘇東坡全傳》，(臺北：國際村文庫書店，1995 年 10 月)，頁 835。
[38] 見葉夢得《石林避暑錄話》卷 1，涵芬樓藏版，頁 3。

他得以平安回中原，昭告天下他是「破天荒」的北宋文人，雖被流放到天涯海角卻還能生還的第一人。他所想像的天倫之樂，與家人團聚的心願也實現了，而海南人民並未讓他失望，如今海南已非化外之地，而是教育發達，文風鼎盛的地方了。

肆、蘇軾「待」與「無待」的啟示

元符三年五月，告下儋州，蘇軾以瓊州別駕廉州安置，獲赦北歸，他的等待夢想成真。六月，他寫詩留別黎子雲秀才，詩云：「我本海南民，寄生西蜀州。忽然跨海去，譬如事遠遊。平生生死夢，三者無劣優。知君不再見，欲去且少留。」[39]生死與夢，在蘇軾看來，都是齊一的。這和莊子的〈齊物論〉想法一致。他認為養好身體，北歸中原的願望就能實現，如今果然達成心願，心中的喜悅自然不言而喻。蘇軾以行動印證海南雖在「天之涯、地之角」，但他沒有被小人圍剿所打敗，還是可以平安的回到中原，這在北宋已經是破天荒的大好消息了。

蘇軾在六月渡海，寫下了心中的想法，向世人展現此一成果。他說：「參橫斗轉欲三更，苦雨終風也解晴。雲散月明誰點綴，天容海色本澄清。空餘魯叟乘桴意，粗識軒轅奏樂聲。九死南荒吾不恨，茲游奇絕冠平生。」[40]他的欣喜之情溢於言表，認為雲散月明，再也無人可迫害他了，因為他已經可以告老還鄉了，何況他還要實現與家人共享天倫之樂的心願。對於被貶謫海南島，他認為是一場奇絕的壯遊，所幸他還有餘命，可以與蘇轍相約還鄉，赴「夜雨對床」之約。

---

[39] 同註 1，題為〈別海南黎民表〉，頁 2362。
[40] 同註 1，題為〈六月二十夜渡海〉，頁 2366。

　　當然，除了蘇轍外，還有家人的天倫樂，是他最大的期待。蘇軾快到廣州時，寫詩給邁、迨二子，提到：

> 皇天遣出家，臨老乃學道。北歸為兒子，破戒堪一笑。披雲見天眼，回首失海潦。蠻唱與黎歌，餘音猶杳杳。大兒牧眾稗，四歲守孤嶠。次子病學醫，三折乃粗曉。小兒耕且養，得暇為書繞。我亦因詩酒，去道愈茫渺。紛紛何時定，所至皆可老。莫為柳儀曹，詩書教圂獠。亦莫事登陟，溪山有何好。安居與我游，閉戶靜灑掃。[41]

　　想到要與家人相會，蘇軾如數家珍，想像著一家團聚的歡樂，這也是他心中等待的畫面。惠州四年，加上儋州三年的貶謫生活，蘇軾不能無所感。當他再度越過庾嶺，寫下〈過嶺〉二首，其二云：「七年來往我何堪，又試曹溪一勺甘。夢裡似曾遷海外，醉中不覺到江南。」[42]回想起在海南，他教導村民鑿井，使百姓得以有乾淨的井水飲用，這一切竟似在夢中一般，可見時序對他而言，彷彿是靜止了一般。所幸他對黎人施予了教化，倡導了農耕，還希望他們移風易俗，成為知書達禮的知識分子，這些都是真真實實的、心中的期望。

　　蘇軾的另一個心願是完成是老蘇的遺志，而他也實現了願望。他在〈答李端叔十首〉中說到：「某年六十五矣，體力毛髮正與年相稱，或得復與公相見，亦未可知。已前者皆夢，已後者獨非夢乎？置之不足道也。所喜者，《易》、《書》、《論語》傳數十卷，似有益於骨朽後人耳目也。」[43]他在儋州，留下了「載酒堂」，也就是今日的「東坡書院」，這是他被貶謫時居住的地方。因此，他北返後再回想居儋的日子，是充實而美好的。懷抱期待、積極

---

41 同註 1，題為〈將至廣州，用過韻，寄邁、迨二子〉，頁 2390。
42 同註 1，頁 2427。
43 同註 26，頁 5775。

的實現，完成心願，他是如此的踏實過生活，也是如此的相信自己。至於「無待」，那就是對物質生活的要求，他心中是降到最低的。他在〈超然台記〉說「餔糟啜漓，皆可以醉；果蔬草木，皆可以飽。推此類也，吾安往而吾不樂？」[44]遊於物外，是蘇軾得以超脫世俗之處。他採園蔬、釀秫酒，詩酒自娛，與野老談天說笑，為學子講授經書，基本上是十分快樂的。

我們從他的「待」，看到了他不屈的毅力。為了回中原，注意養生；為了天倫之樂，他懷抱希望；為了黎族百姓，他盡心教化。成功的人總要術德兼修，有學問而無修養，無法化民成俗；有修養而無學問，也沒有方法來教化百姓。只有術德兼修的人，能發揮他「待」的精神，腳踏實地，完成心願，此其一。

成功的人也需要毅力與決心，能吃苦耐勞。儋州三年，蘇軾從絕望到充滿希望，靠的是超乎常人的毅力，完成著作，嘗試製墨、釀酒，將物質慾望降到最低，而豐富了精神生活。他從艱難的生活環境中學習服食蒼茸、蘆菔、蔓菁、苦薺等，這不是一般人能輕易做到的。凡事他都帶著學習的心態，期待自己變成更好的人，所以他才能有成就，此其二。

我們也從他的「無待」，了解到他活在當下的勇氣。「安時而處順」，是他最好的寫照。當他知道命運無法逃躲時，他勇敢的面對貶謫，面對未可知的命運。好幾次訛傳他「仙逝」，他也都一笑置之，這種豁達的胸襟，是值得我們學習的，此其三。

人生有待，有希望才有明天；人生無待，知命順命，把握當下，才能運命。蘇軾已然給我們一個好榜樣，我們當效法他面對人生的態度，了解自己的「時與命」。

---

[44] 同註 4，頁 829。

伍、結語

對於時與命，我們當本著「命中有時終須有，命裡無時莫強求」的態度。蘇軾的儋州生活，無待的是「命」，所以他說「我本儋耳人，寄生西蜀州」；有待的是「時」，他到了儋州，以筆記下儋州的風土民情，以筆寫《易傳》、《書傳》、《論語說》和詩詞文章，以筆記下他的日常生活，供後人憑弔、懷念，進而研究。

他所待者，好好養生，有朝一日回中原，向世人昭告「雲散月明誰點綴，天容海色本澄清」；他想像著兒孫滿堂的天倫之樂，和蘇轍的對床之約。他既來到儋州，有感儋州百姓的「風土極善，人情不惡」，也想以所學惠愛百姓，移風易俗，因此他觀察入微，形於文字，對海南人民有極高的期待。他努力地克服生活上的不適，發揮樂易的天性，同時，製墨、釀酒，以詩書自娛，發揮他無待卻積極的精神，化苦為樂，終於能度過鬼門關。

術德兼修，方能濟世；胸懷大志，方能有成，蘇軾向世人展現了北宋文人的深度與高度，也啟發我們對「時與命」、「待與無待」的認知。「安時而處順，哀樂不能入也」，無所待者，天命也；有所待者，人事也，「盡人事而聽天命」。當我們面臨逆境時，不要輕言放棄，而應審時度勢，為所應為，靜待天命的到來。

蘇軾在儋州的三年，共寫詩 127 首、詞 4 首、表 2 篇、賦 5 篇、銘 4 篇、頌 1 篇、論 16 篇、札記 76 篇、信札 38 篇[45]，還不包括完成《易傳》、《書傳》、《論語說》，盡和陶詩。除著書立說外，也培養了姜唐佐等人考上進士，流風所及，海南文風為

---

[45] 根據《新編東坡海外集》統計，香港銀河出版社，2006 年。

之一振。他的文學影響力，緣於「黃州、惠州、儋州」，因此他稱這是自己的三大功業。

　　「人生到處知何似，應似飛鴻踏雪泥」，在有限的人生，創無窮之功業，既是「時」，也是「命」，對於人生境遇的窮苦橫逆，我們無待；對於建功立業，福惠百姓，我們期待，這就是蘇軾以自身經歷，想告訴世人的「時與命」。

國家圖書館出版品預行編目資料

蘇軾思想專題論集／江惜美　著―初版―

臺中市：天空數位圖書　2022.05

面：17*23 公分

ISBN：978-986-5575-96-0（平裝）

1.CST：(宋)蘇軾　2.CST：學術思想　3.CST：傳記

782.8516　　　　　　　　　　　　　　　111006038

書　　　名：蘇軾思想專題論集
發 行 人：蔡輝振
出 版 者：天空數位圖書有限公司
作　　　者：江惜美
美工設計：設計組
版面編輯：採編組
出版日期：2022 年 5 月（初版）
銀行名稱：合作金庫銀行南台中分行
銀行帳戶：天空數位圖書有限公司
銀行帳號：006－1070717811498
郵政帳戶：天空數位圖書有限公司
劃撥帳號：22670142
定　　　價：新台幣 450 元整
電子書發明專利第　Ｉ　306564　號

※如有缺頁、破損等請寄回更換

服務項目：個人著作、學位論文、學報期刊等出版印刷及DVD製作
影片拍攝、網站建置與代管、系統資料庫設計、個人企業形象包裝與行銷
影音教學與技能檢定系統建置、多媒體設計、電子書製作及客製化等
TEL　：(04)22623893　　　　MOB：0900602919
FAX　：(04)22623863
E-mail：familysky@familysky.com.tw
Https ://www.familysky.com.tw/
地　　址：台中市南區忠明南路 787 號 30 樓國王大樓
No.787-30, Zhongming S. Rd., South District, Taichung City 402, Taiwan (R.O.C.)